一本書讀懂
地緣政治學

図解 いちばんやさしい
地政学の本

澤邊有司——著　高詹燦——譯

50張國際形勢圖解×零基礎淺顯解說

迅速掌握各國衝突！

前言

如今全球在疫情大流行的混亂情勢下，俄羅斯入侵烏克蘭、臺海危機步步逼近、北朝鮮頻頻發射飛彈，動盪的新聞接連發生。為什麼會引發這些問題呢？當我們要思考這個問題時，想必有各種解釋的方法才對。

例如解開過去的「歷史」，便可逐漸看清現今的情勢。以烏克蘭危機來說，可解釋為「普丁想拿回舊蘇聯時期的領土」。

另一方面，如果是採用以地圖為依據的「地緣政治學」來看，則會有不同的解讀。將會解釋成「像烏克蘭這種**夾在大國中間的緩衝區，不論在哪個時代，都很容易引發紛爭**」。從地緣政治學來看，烏克蘭這個地區正好就位在一處很容易引發紛爭的地點上，與歷史背景無關。

就像這樣，如今實際在世界各地上演的事，如果用「地緣政治學」的觀點來看，當中很多都能清楚地了解其來龍去脈。

我想，應該還有很多人對地緣政治學很陌生，不過，現在地緣政治學的觀點愈來愈重要了。**「地緣政治學」是根據地圖來思考某個國家的政治和軍事的一門學問**。它同時也是一種軍事理論，所以日本在戰後將它封印，沒再使用。

不管時代再怎麼變，地理一樣不會改變。所以根據不會改變的地理來看，各個國家和地區所採取的戰略，也都會很自然地做出決定。照這樣來看，不管世界情勢再怎麼渾沌不明，每個國家應該都有它一貫該採取的正確戰略才對。這就是地緣政治學的思維。

本書會先看美國、俄羅斯、中國這幾個世界強國的地緣政治學，之後再探討因歐盟解體的危機而動搖的歐洲以及變動劇烈的中東地緣政治學。最後再看日本及亞洲各國的地緣政治學。

這是渾沌不明、看不清未來的時代。正因為這樣，擁有地緣政治學這種普遍性知識的觀點更顯重要。相信各位能藉此而更有自信地面對世界。

目錄

第3章

回歸帝國主義的北方大國 俄羅斯的地緣政治學

第4章

中國的地緣政治學

從亞洲鎖定世界的霸權

第5章

歐洲的地緣政治學

在「地區」與「全世界」間搖擺

第6章

中東的地緣政治學

各地紛爭與大國的意圖翻湧

第7章

亞洲的地緣政治學

反映大國的情勢

在本書登場的主要國家和地區的位置

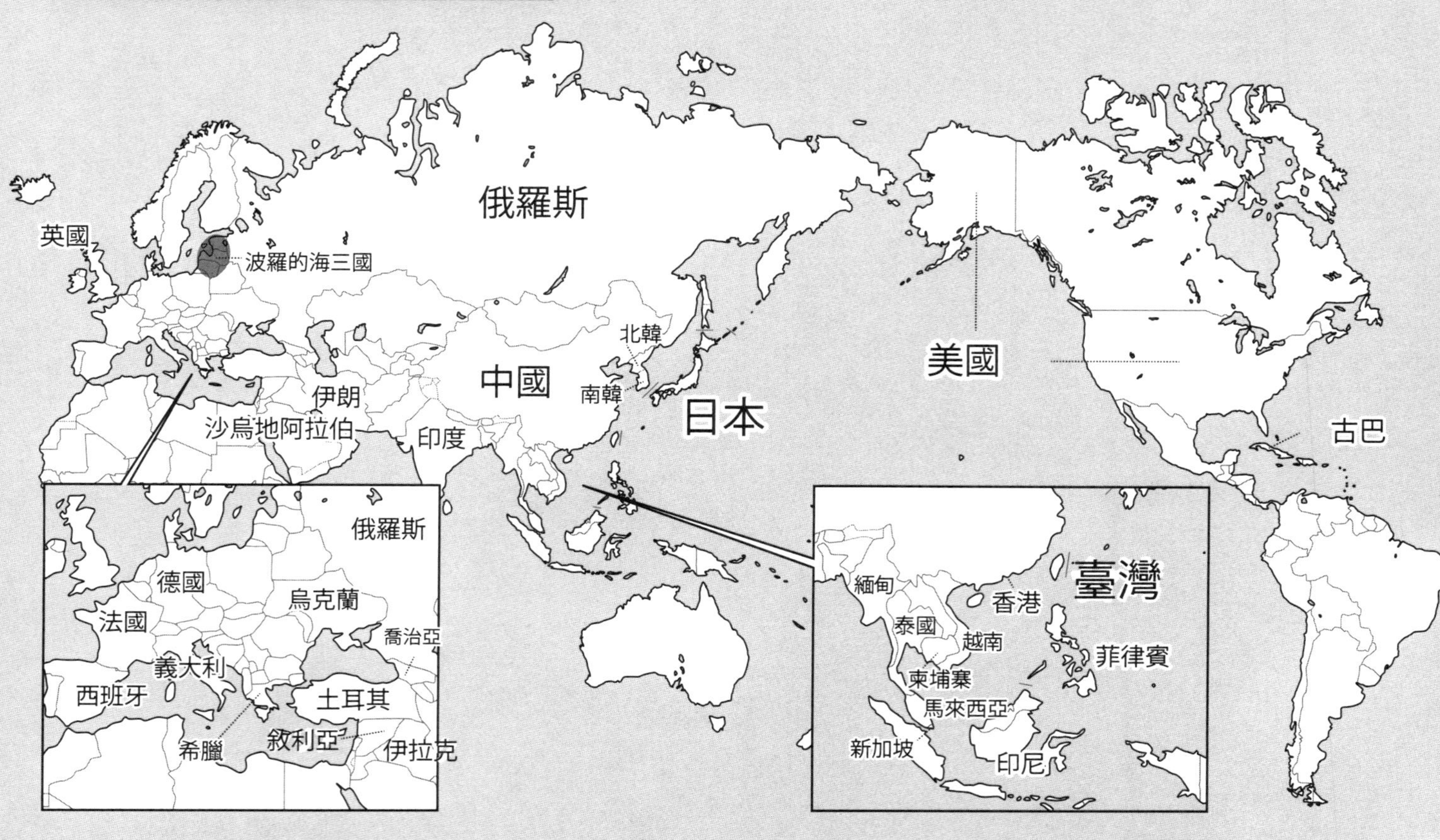

第1章

什麼是地緣政治學？

「地緣政治學」是真實的軍事戰略！

以戰略的觀點看地圖

「地緣政治學（Geopolitics）」是什麼？簡單來說，就是「軍事戰略的理論」。**以戰略的觀點看地圖，思考要怎麼做才能支配空間**。而國家不論有沒有戰爭，都得隨時看清周邊各國的情勢，研究各種戰略，以保護自己的國家。這時候也會需要歷史的觀點，而地理的觀點也同樣不可或缺。而採用地理觀點的戰略，就是地緣政治學。使用地緣政治學的場合，並非只有思考自己國家戰略的時候。想準確地掌握渾沌不明的國際情勢時，地緣政治學能成為你很重要的工具。

地理條件不會改變

所有國家都無法擺脫地理條件。為什麼呢？因為每個國家都是建立在各種不同的地理條件上，例如四周環海、地處內陸、被大國包夾、呈半島形向外挺出等等。而且這種地理條件始終都不會改變。因為打從人類有歷史以來，地理環境幾乎沒多大改變。

也就是說，「**每個國家一直都是建立在同樣的地理條件上，無法在不考慮地理條件的情況下擬定戰略**」。這個思維是地緣政治學很重要的出發點。

以地理條件當出發點的地緣政治學，有兩個基本概念。分別是**「海權（海洋國家）」**與**「陸權（大陸國家）」**。

在海上有優勢的海權國家，有島國的英國和日本。美國因為地處大西洋與太平洋中間，所以也能視為一個巨大的島國，被分類為海權國家。而在陸地上有優勢的陸權國家，則有俄羅斯、德國、法國、中國。

地緣政治學是什麼？

以地理條件當出發點，極為「現實」的軍事戰略

2個基本概念

陸權	海權
＝大陸國家	＝海洋國家
俄羅斯、中國、德國、法國……等	美國、英國、日本……等

只要將世界各國分類成海權國家與陸權國家加以觀察，國際情勢應該就會逐漸明朗。

例如屬於海權國家的日本，我們知道它總是受海洋保護。海洋有防衛上的優勢。因為海洋容易防止敵人的侵略。尤其以日本的情況來看，它被黑潮與親潮這兩種在世界上算是流速非常快的海流包夾，所以就不習慣這處海域的敵人來看，要操控船隻靠近絕非易事。日本就是受這樣的海洋保護，所以中國歷代都無法加以統治。

日本面臨的最大危機，就屬兩度渡海遠征的蒙古軍（元寇）了。蒙古軍甚至攻打到俄國和東歐，是當時世界上最強的陸權國家。但日本連他們也趕跑了。

「神風」固然也是主因，不過蒙古軍以陸權為主，不習慣大海，這也是原因之一（P113）。換言之，日本在海權方面勝過蒙古。

真實的地緣政治學逐漸呈現在面前

地緣政治學是極具「現實性」，而且有「實踐性」的軍事戰略。在意識形態的戰爭下，有時會編出某個故事，來作為開戰的理由。例如「為了保護自由主義不受法西斯主義陣營的侵害」「為了保護資本主義不受共產主義侵害」「對抗恐怖主義」等故事。透過這種意識形態的故事，而給了戰爭理由。

不過在現實中，理由出在其他地方上。**擴大領土或殖民地、獲得防衛上的據點、獲得資源等等，才是戰爭真正的目的。**也就是說，只要仔細觀察，就會發現當中暗藏著地緣政治學的真實戰略。

例如在「對抗恐怖主義」的口號下，美國介入伊拉克戰爭，但最後始終沒發現他們作為出兵根據的「大量破壞武器」。伊拉克戰爭真正的目的，是美國要從親俄的海珊政權手中搶奪石油的特權。

不久前的世界，都被意識形態的故事所掩蓋，但現在帷幕已被掀除，地緣政治學的戰略已逐漸呈現在面前。有一位極具象徵性的代表人物，就是俄羅斯的普丁總統。普丁聲稱是為了「自己國家地緣政治學的利益」，而介入克里米亞和烏克蘭，試圖擴張領土（P88、P94）。

而中國的習近平除了在南海建設人工島，強化在海洋上的進出外，還企圖統一臺灣。他的做法是無視法紀的存在，以武力改變現狀。

美國的川普前總統以「守護國家利益」為由，打壓挑戰美國霸權的國家。但現今的拜登總統則沒有地緣政治學的風險概念。普丁和習近平則是看得相當透徹。

附帶一提，普丁清楚表明「地緣政治學的問題，與意識形態沒任何關係」。以意識形態這種理想的故事來自圓其說的時代已經結束，現在和昔日帝國主義時代一樣，是以地緣政治學來思考的時代。

被戰後的德國和日本封印的地緣政治學

原本是為帝國主義而設的理論

我們來看地緣政治學的歷史吧。

十九世紀，歐美列強為了擴張領土和殖民地，在世界各地激烈地你爭我奪。這即是所謂的**帝國主義**。當時因應各國的情況，展開軍事戰略的研究，後來人們稱之為地緣政治學。

因此，地緣政治學可說是「結合歐美的帝國主義發展而成的理論」。

建構出地緣政治學基礎的麥金德

在地緣政治學的發展上最具影響力的人物，是英國的麥金德（Mackinder，1861～1947）。地緣政治學的基本理念「儘管時代改變，依舊不變的要素便是地理，許多事會受地理條件規範」，就是麥金德發現的。

麥金德是一位英國學者，所以基本上是採海權的英國戰略思考，不過，他也提出許多日後成為地緣政治學基礎的普遍性理論。其中心思想，便是他在一九〇四年提出的「軸心地區」概念。一九一九年將它改稱為**「心臟地帶」**。

心臟地帶位於歐亞大陸的中心，為俄羅斯的領土。「心臟地帶理論」之後在本書中會一再出現，簡單來說，就是**「控制心臟地帶者，便控制全世界」**的一種想法。

繼麥金德之後，在美國表現活躍的，是阿爾弗雷德·賽耶·馬漢

地緣政治學與其學者們

●麥金德（英）〔1861～1947〕

●馬漢（美）〔1840～1914〕

心臟地帶理論

「控制心臟地帶者，便控制全世界」

世界洋理論

「能支配大洋者，便統治全世界」

地緣政治學被視為「直接連結戰爭的學問」，日本在戰後加以封印，直到現在

（Alfred Thayer Mahan，1840～1914）。他是一路升至海軍少將的軍人，同時也是擔任海軍戰爭學院院長的學者。

馬漢對海權國家英國的戰略展開研究後，將著眼點放在海洋，得到**「世界洋理論」**，與麥金德的「心臟地帶理論」形成對比。換言之，這是**「能支配太平洋和大西洋等世界大洋者，便統治全世界」**的一種想法。馬漢對美國的戰術影響甚鉅。美國原本是陸權國家，但後來因馬漢的理論，而轉變成海權國家。

成為納粹的基本哲學

另一方面，在德國則是由弗里德里希・拉采爾（Friedrich Ratzel，1844～1904）和魯道夫・契倫（Rudolf Kjellén，1864～1922）兩人建立起地緣政治學的基礎。

在這兩人的想法基礎中，存有「強大的狼群會搶奪弱小狼群的地盤」這種自然法則，也就是「文化先進且優秀的國家，會搶奪文化較低等的國家之領土」。他們認為像這樣擴張領土，是很自然的事。

結果這種思維成了擁有「先進」文化的德國，將自己統治東歐和俄國的斯拉夫人領土的行為正當化的依據。

第二次世界大戰前，卡爾・豪斯霍弗爾（Karl Haushofer）將軍（1869～1946）表現活躍。他透過每週的廣播節目，向一般的德國民眾擴展地緣政治學的願景。並具體地**主張身為陸權國家的德國應該走的路線，是向東擴張以**

及擴大殖民地。這份野心與國內地主階級以及工廠老闆們的願望一致。

豪斯霍弗爾的願景，與希特勒「強盛的德國」這個願景不謀而合。不久後，豪斯霍弗爾成了「納粹主義的哲學家」（1939年，《Life》雜誌）。但此事為他惹禍上身，戰後他被視為戰犯，接受美國的訊問，備受屈辱，最後自盡而死。

因為有這麼一段歷史，所以戰後地緣政治學被當作「納粹的哲學」，視為洪水猛獸，而身為一門學問的地緣政治學幾乎快要消滅殆盡。

在日本也被完全封印

而日本的地緣政治學又是怎樣的情形呢？

其實戰前的日本**引進國外的地緣政治學，衍生出各種地緣政治學派**。其中影響最大的，是美國馬漢的海洋戰術。馬漢的「海上權力史論」，經伊藤博文的祕書官金子堅太郎翻譯成日文，在明治天皇的敕令下，發送給全國的中學、高中、師範學校。在日俄戰爭中表現活躍的海軍參謀秋山真之等人，在美國留學期間便是直接在馬漢門下學習。

德國地緣政治學頗有人氣，拉采爾和契倫的理論也都有介紹。此外，同時也是日本學專家的豪斯霍弗爾，他提出「為了對抗英國對全世界的支配，要以美國、德國、蘇聯、日本來將世界分成四等分」的這個**泛區域理論**，就此產生「大東亞共榮圈」的構想。

豪斯霍弗爾對日本的陸權派影響甚鉅，後來也實際與日德義三國同盟以及日蘇互不侵犯條約有關聯。但這兩國都在大戰中落敗，因為有這樣的慘痛經驗，日本也和德國一樣認為**「地緣政治學是與戰爭有直接關聯的學問，還是別碰的好」，就此將它完全封印。**

兩個基本概念，「海權」與「陸權」

海權與陸權

我們先來掌握地緣政治學的基本概念吧。

首先，就像我前面介紹的，在地緣政治學中，**「海權（海洋國家）」**與**「陸權（大陸國家）」**是其基本的分類。時至今日，這項分類依舊有效，在看待世界各國時，若能依照海權或陸權的觀點，就能更明確地分析這項戰略。

而第一位提出海權與陸權分類的人，是麥金德。

自古以來，對歐洲來說，匈人、馬扎爾人、蒙古人等等的陸權國家一直是個威脅，但**從大航海時代以來，西班牙、葡萄牙、荷蘭、英國等歐洲的海權國家便開始握有世界的霸權**。時至近代，因鐵路的開通，陸權國家再次抬頭。他們是俄國和德國。

根據這樣的趨勢，在二十世紀初，麥金德對身為陸權國家的俄國和德國的動向抱持警戒。

心臟地帶與世界洋

接著我們來看「心臟地帶」與「世界洋」的理論吧。

首先，麥金德主張「心臟地帶」，而哪個地區符合心臟地帶呢？**答案是歐亞大陸中央地帶，亦即陸權國家俄國的領土**。

流經這個地區的大河，除了流入黑海、裏海、鄂霍次克海的河川外，全都是流入北冰洋。但北冰洋終年結凍，所以軍艦無法駛入。換言之，海權國家的軍艦無法從大海溯河而下，入侵這個地區。

所以這裡是易守難攻的安全地帶。這就是「心臟地帶」的含意。擁有這個安全地帶的國家，會立於不敗之地。所以麥金德才說「控制心臟地帶者，便控制全世界」。

話說，擁有心臟地帶的俄國，在防守上有利，但反過來，在攻擊上有其不利的一面。因為他們沒有冬天依舊不結凍的海港（不凍港），沒有能將軍艦往外送的海上航道。因此，俄國採取了**「南下政策」**。**為了尋求不凍港而南下，確保能通往地中海的海上航道**。這成了俄國的一貫政策（P84）。

另一方面，與麥金德的心臟地帶形成對比的，是美國的馬漢主張的「世界洋」理論。

這是心臟地帶的海洋版。昔日像西班牙、英國這類擁有強大海權的國家，一直都很重視掌握世界的霸權，認為「支配世界大洋者，便控制全世界」。

心臟地帶理論與世界洋理論

心臟地帶理論		世界洋理論
歐亞大陸中心地帶	地點	太平洋、大西洋等
邊緣地帶 （朝鮮半島、山東半島、中南半島）	周邊地區的稱呼	緣海 （鄂霍次克海、白令海、東海、南海）

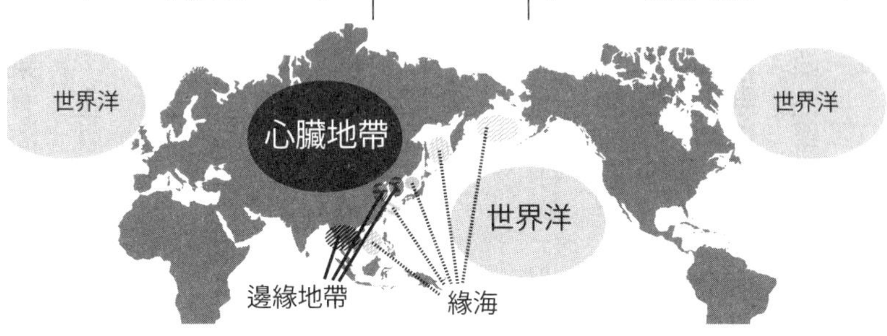

邊緣地帶與緣海

心臟地帶與世界洋，各自有其發展形態，為「邊緣地帶」和「緣海」這兩種想法。

首先是邊緣地帶，這是**重視心臟地帶周邊地區（邊緣）的一種思維**。

因為空軍登場，而從原本戰術中心以陸軍和海軍為主的時代，轉為空權時代後，邊緣地帶的重要性便逐漸浮上檯面。

因為人們認為，如果有海軍和空軍，會先支配邊緣地帶，然後就能控制位處正中央的心臟地帶。也就是**「控制邊緣地帶者，便控制心臟地帶」**。

如果是歐亞大陸的東側，邊緣地帶有日本、臺灣、朝鮮半島、中國的山東半島、中南半島等。荷蘭出身的新聞工作者尼古拉斯．斯皮克曼（Nicholas John Spykman）指出，「邊緣地帶的爭奪，是造成第二次世界大戰的原因」，他還預言，大戰過後，「蘇聯、中國會入侵邊緣地帶」。果然如他所預言，為了壓制蘇聯和中國的共產圈擴大，引發了以邊緣地帶當舞臺的韓戰和越戰。

另一方面，邊緣地帶的海洋版，即是**「緣海」**。指的是被大陸外側的弧狀列島、群島、半島所包圍的海洋。也就是邊緣地帶周邊的海洋。

就像控制邊緣地帶，便控制了心臟地帶一樣，控制緣海，便控制了世界洋。而**控制緣海，便可控制邊緣地帶，所以有機會進一步控制心臟地帶。**

因此，緣海就地緣政治學來說，是很重要的焦點。

日本周邊緣海相連。從北而下，白令海、鄂霍次克海、日本海、東海、南海，一路相連。

而現在中國對東海的釣魚臺列嶼施壓，在南海的南沙群島也主張他們擁有主權，而進出南海。中國的戰略是要藉由控制緣海，進而控制世界洋（P124）。

從大國看出地緣政治學的基本戰略

權力平衡

在此，我們來看看地緣政治學的代表性戰略吧。

首先是**「權力平衡（均勢）」**的思維。

例如海權國家英國，自古便一貫對歐洲大陸採取權力平衡的戰略。

具體來說，就是**「不尋求向歐洲大陸稱霸。不過，當歐洲出現強而有力的單一國家時，會對英國造成威脅，所以要對抗」**。就像這樣，在歐洲大陸內，各國的力量相互抗衡。這項戰略便是「權力平衡」，也稱作「離岸制衡」。

英國遵照這項戰略，基本上只和變得強大的國家開戰。例如無敵艦隊的西班牙、拿破崙時代的法國、第一次世界大戰和第二次世界大戰的德國、冷戰時期的蘇聯。英國只會打擊這些國家，削弱他們的國力，從來不會無意義地攻打歐洲大陸。

就連昔日以海軍軍力稱霸七海，號稱「建立了世界帝國」的時代，英國也沒直接統治歐洲大陸。

海上運輸線和咽喉點

另外，我們從英國的地緣政治學戰略來看「海上運輸線」吧。

英國過去控制了七海，但並非完全控制了所有大洋，無一遺漏。基本上，**用來保護本國貿易的安全海上交通航線——「海上運輸線」，算是確實保有。**

世界的咽喉點和海上運輸線

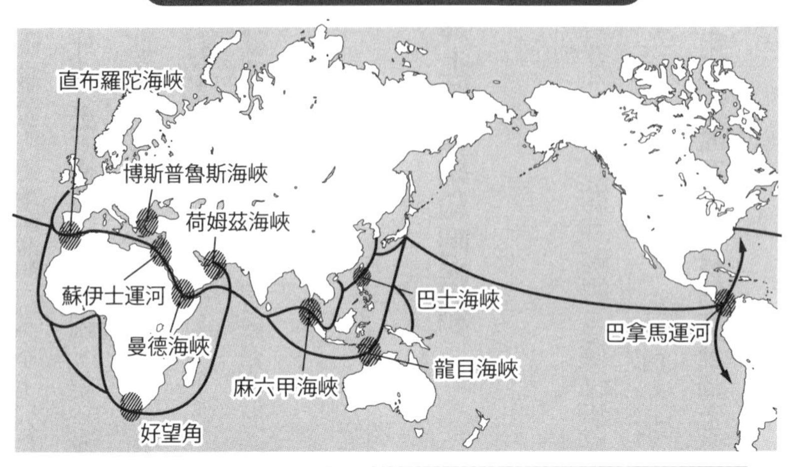

對海權國家而言，確保海上運輸線極為重要

具體來說，英國掌握了從直布羅陀海峽到好望角、中東、印度、麻六甲海峽、香港的海上交通要衝，就像將非洲大陸和歐亞大陸包圍一般，打造出海上運輸線。

附帶一提，英國打造了海上運輸線，控制了非洲大陸與歐亞大陸的邊緣地帶和緣海。當時位於歐亞大陸中心位置的，是陸權國家俄國。這兩個大國從內側和外側展開衝突，爭奪霸權，此稱之為**「大博弈（The Great Game）」**（P37）。

此外，關於海上運輸線，還有**「咽喉點（Choke Point）」**這項戰略。原文「Choke」是「掐脖子」的意思，只要掐住這裡，對方就無法抵抗，是重要據點。

要控制海上運輸線時，**有形成其要衝的海峽和運河**。只要控制住這裡，就能以最少的海軍兵力有效加以支配。這就是咽喉點。

全世界的咽喉點，有直布羅陀海峽、博斯普魯斯海峽、蘇伊士運河、曼德海峽、荷姆茲海峽、麻六甲海峽、巴士海峽、巴拿馬運河等。

緩衝區

在地緣政治學中，**「緩衝區（緩衝地帶）」**的想法也很重要。

所謂的緩衝區，是夾在大國間的中間地帶。

大國為了防止敵國直接入侵，會想將周邊地區當作緩衝區，將該地區納

世界上主要的緩衝區

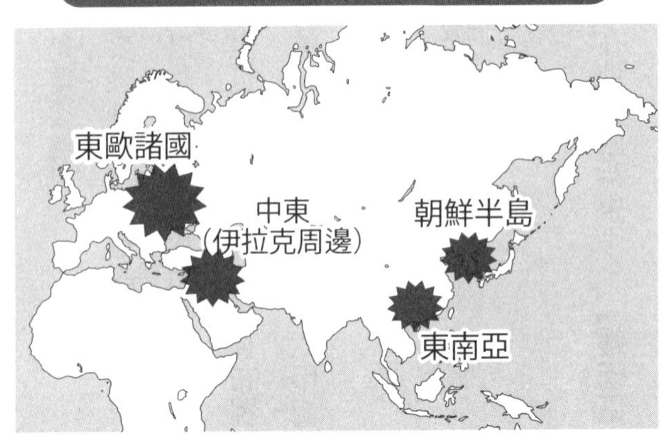

引發大國間的代理戰爭，容易變成衝突地區

入自己的影響勢力下。然而，其他國家也會對緩衝區出手干涉，所以容易引發衝突。也就是說，**在緩衝區時常會引發大國之間的代理戰爭，變成衝突地區。**

舉例來說，朝鮮半島算是日本的緩衝區。日本總是暴露在中國大陸歷代王朝的威脅下，但因為中間夾著朝鮮半島這個緩衝區，所以幾乎都能防止敵人直接入侵。

十九世紀後半，日本與清朝對峙，但如果清朝控制了朝鮮半島，便會對日本造成威脅，所以日本在朝鮮半島與清朝開戰。史稱甲午戰爭（1894）。

後來大國俄國南下，構成威脅，日本又在朝鮮半島與俄國開戰。史稱日俄戰爭（1904）。

對日本而言，這兩場戰役**都是為了不讓日本的緩衝區朝鮮半島受大國支配。**

如果說日本的戰術有誤，那就是日韓合併後，為了讓朝鮮半島和日本一樣成為近代國家，而展開龐大的投資。也有另一種不同的想法認為，既然將朝鮮半島視為純粹的緩衝區，當初只要將它當作軍事據點來建設就行了。

同樣的，東歐諸國也被視為歐洲的緩衝區。東歐為西側與東側的中間地帶，自古一直是兩邊勢力衝撞的衝突地區。

舊蘇聯為了避免遭受西側的北約組織直接攻擊，在波羅的海三國（愛沙尼亞、拉脫維亞、立陶宛）和波蘭等國樹立親蘇政權，作為緩衝區。而現在，俄羅斯加強對烏克蘭的施壓，這也是為了構築與歐盟之間的緩衝區所展開的戰略（P94）。

夾在兩個心臟地帶間的要衝為何？

心臟地帶與大博弈

關於英國的麥金德主張的「心臟地帶」（P25），我們來進一步細看吧。心臟地帶就位於歐亞大陸的中央地帶。麥金德認為，要控制這個地區，前提是必須支配東歐。也就是**「控制東歐者，便控制心臟地帶。控制心臟地帶者，便控制世界」**這樣的方針。

說到麥金德為何會樹立這樣的方針，這是因為當時他擔心擴大勢力的德國會以東歐為踏板攻打蘇聯（俄羅斯），對此心存提防。他主張「想要壓制德國，就應該與蘇聯結盟」。

實際上，第二次世界大戰爆發時，德國吞併東歐諸國，開始攻打蘇聯，英國也與蘇聯締結軍事同盟，防止德國東擴。

我們稍微將時間倒回，看看十九世紀後半的世界情勢。

首先，俄國控制了心臟地帶。而英國就像包圍了非洲大陸到歐亞大陸的沿岸一樣，構築了海上運輸線（P31），在這一帶打造殖民地帝國。英國艦隊無法入侵心臟地帶。

另一方面，俄國鋪設鐵路，開始向大陸外圍擴張，形成英國的威脅。

英國與俄國這兩大國上演了霸權爭奪，如同我前面所說，這是一場**「大博弈」**。而這個用語，是英國東印度公司的情報活動軍官亞瑟·康諾利最先使用。

若具體地看這時候的英國與俄國的「大博弈」，有巴爾幹半島的**克里米亞戰爭**（1853～1856）、中亞的**第二次阿富汗戰爭**（1878～1881），以及最後一次的**日俄戰爭**（1904～1905）。日俄戰爭是在日英同盟的背景下，日本開戰，英國獲利的一場大博弈。

之後，大國間的大博弈，由冷戰時代的美國和蘇聯上演。而在現代，中東成為其中一個舞臺，美國與俄羅斯、美國與中國展開爭鬥。

與南方的心臟地帶相連的地區

其實麥金德還舉了另一個心臟地帶。那就是非洲大陸，**位於撒哈拉沙漠南方的非洲**。因為這裡雖然居住不易，卻是個擁有豐富資源的地區。

如果說歐亞大陸的中心部位是「北方的心臟地帶」，那麼，非洲大陸的南部便是「南方的心臟地帶」。

重要的是北方心臟地帶與南方心臟地帶中間包夾的地區。因為只要能控制這個地區，就能影響南北這兩個心臟地帶。

那麼，**位於南北這兩個心臟地帶中間的又是什麼地方呢？答案是阿拉伯半島**。阿拉伯半島的阿拉伯沙漠，自古便在這裡展開商隊貿易，所以看

南北的心臟地帶

重點是
「兩個心臟地帶」
的中間地帶
||
現代紛爭的舞臺為
阿拉伯半島

得出這裡比較容易通行，很適合來往於這兩處心臟地帶。因此，就地緣政治學來看，控制阿拉伯半島極為重要。

麥金德早在這裡發現大量石油資源之前，就已經指出這點。換言之，**阿拉伯半島不是因為有石油資源才變得重要，是因為地緣政治學的因素而顯得重要。**

現代的大博弈

阿拉伯半島不光只是串聯南北兩處心臟地帶，它同時也串聯了歐洲和亞洲。其中，位於阿拉伯半島根部的**耶路撒冷**，位於堪稱是世界中心的位置上。

麥金德說「耶路撒冷的丘陵與世界上的現實情況對照，可說是戰略上的一處重要據點，就這點來看，本質上與中世紀的觀點沒多大不同」。

這裡自古就是各種文明交會的要衝，所以**只要控制這裡，就能控制全世界**。反過來說，這裡也容易引發爭端，所以可說是最糟的一塊土地。這事與現代的巴勒斯坦問題息息相關（P210）。

另一方面，位於阿拉伯半島北方的平原也是重要的要衝。它便是幼發拉底河流域連接波斯灣那一帶。這裡是肥沃的農地，是美索不達米亞文明的發祥地。

以立體的觀點來看，這個地區正好是從東邊伊朗高原和南邊阿拉伯半島的高地俯瞰的位置。高山易守，平地難守。所以自古以來，周邊高地的游牧民族和騎馬民族便常入侵，征服此地。

現代的大博弈

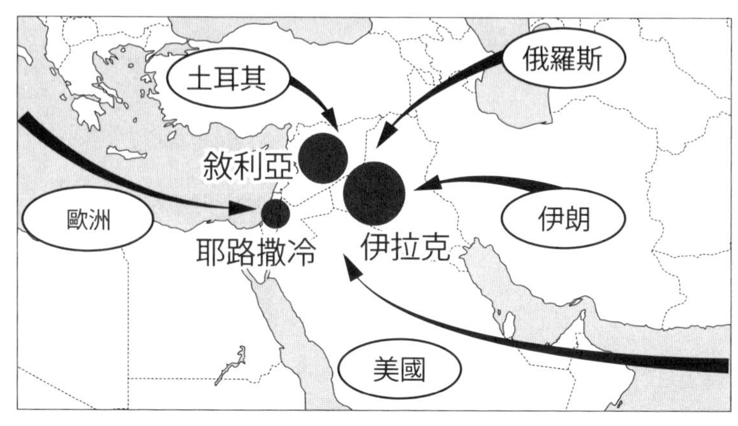

現代的大博弈舞臺是中東、阿拉伯半島

從地圖來看，這裡是伊拉克和敘利亞。是展開現代「大博弈」的地區。俄羅斯、伊朗、土耳其、IS、敘利亞、美國、歐洲等，如此多方勢力在此集結，也是因為從地緣政治學的觀點來看，這是一塊魅力無限的土地。詳情等到第6章再來細看吧。

第2章

美國的地緣政治學

攪亂全球的霸權國家

以陸權支配「新世界」的人工國家美國

世界的要角

自第二次世界大戰後，美國便是世界的要角。尤其是與俄羅斯（蘇聯）的冷戰獲勝後，便成了美國獨霸的時代。但從九一一開始，歷經伊拉克戰爭後的中東混亂、雷曼兄弟金融風暴，**美國的絕對力量也開始顯露破綻。**

話雖如此，美國現在仍是站在世界頂端，君臨天下。而對日本來說，美國是盟友，在安全保障和經濟面上則是重要的夥伴。

因此，我們一開始先來看美國的地緣政治學。二〇一七年，川普政權成立後，世界產生劇烈改變，未來變得難以預料，但藉由掌握美國一貫的地緣政治學戰略，我們可以清楚看出眼下發生了什麼事。

▼孤立主義的本質是「包圍戰略」

美國這個國家，是十七世紀被英國趕來這裡的清教徒（英國的喀爾文派）在此長住，一手建立的人工國家。說起來算是**英國「移民」開創了美國這個國家**。

他們不受祖國英國的干涉，想打造他們自己的「理想國家」。這個想法成了十六世紀後半獨立戰爭的原動力。

當初美國在建國時，只統治東海岸，但就是從這裡急速向外擴張。

美國的擴張政策大致分成兩階段，**第一階段是陸權擴張，第二階段是海權擴張**。

首先是第一階段的陸權擴張，這時候的目標是是統治南北的美洲大陸。

為什麼是南北的美洲大陸呢？因為美國人當中，有人抱持的觀念認為南北美洲大陸是「新世界」，與歐洲和亞洲的「舊世界」不同。美國人有一份自負，認為他們是為了打造「理想國家」，才從舊世界來到這個新世界，並認為南北的美洲大陸都是他們的。

建國後的美國，一面從英國、法國、西班牙那裡承接或是收購土地，一面往西擴張領土，驅逐原住民，開拓西部。

這時將開拓西部視為正當行為的想法，為**「昭昭天命（Manifest Destiny）」**。人們認為「開拓西部是上帝賦予的天命，所以名正言順」。

另一方面，他們對外展現的想法是**「門羅主義（孤立主義）」**。這是源自美國第五任總統門羅在國情咨文（議會報告）中提出的「門羅宣言」（1823）。

門羅宣言究竟是什麼呢？它其實是主張「美國不會對歐洲的事務置喙，所以相對的，歐洲各國也不要插手管美洲大陸的事」。要求歐洲各國別干預美洲大陸的事務。

美國的誕生與門羅主義

從英國移民

↓

從東海岸到西海岸，
再前往南北的美洲大陸

●從歷史中誕生的兩種想法

昭昭天命（Manifest Destiny）	門羅主義（孤立主義）
⇒開拓行為的正當化	⇒以排除歐洲和俄國為目的

門羅總統

門羅主義一般也稱作「孤立主義」。就刻意與歐洲保持距離的含意來看，這確實是孤立主義，但**就本質來看，其目的是要將歐洲勢力從美洲大陸排除**。可說是「門羅主義（孤立主義）＝美洲大陸的包圍戰略」。

從大西洋抵達太平洋！

當時門羅宣言鎖定的直接目標，是墨西哥和阿拉斯加。

墨西哥等中南美諸國，發起脫離西班牙的獨立運動，美國對他們的獨立運動給予援助，想藉此排除歐洲勢力。因此，在門羅宣言中告訴歐洲各國「請不要插手美洲大陸的事務」。

美國一面排除歐洲勢力，一面擴張統治領土。原本美國西海岸（現在的德州到加州）是墨西哥的領土，但美國對墨西哥發動戰爭（美墨戰爭，1846），奪下此地。美國就此成為從大西洋跨越至太平洋的國家。

而門羅宣言鎖定的另一個目標是**阿拉斯加**。當時阿拉斯加為俄國的領土，美國擔心俄國會採取南下政策，從那裡往南逼近。

因此以門羅宣言牽制俄國，並在一八六七年向俄國買下阿拉斯加。阿拉斯加這塊土地沒什麼價值，但是能將俄國趕出美洲大陸，意義非凡。要是在冷戰時代，蘇聯仍坐鎮阿拉斯加，美國想必會陷入緊迫的窘境。

美國就是這樣排除歐洲勢力，成功將北美大陸包圍起來，但這時他們又面臨新的課題。那就是他們身為陸權國家，已沒有土地可以開拓。他們已無國境。

從這裡開始進入第二階段。**美國從陸權國家轉換為海權國家，走出「新世界」之外，朝取得世界霸權的目標展開行動。**

在全世界構築軍事據點的美國型海權戰略

擁有向世界推廣「自由」的天命？

從大西洋抵達太平洋的美國，在大海的另一頭找到新的國境。不過，要在大海的另一頭開拓國境，也需要理由。

因此，美國人對開拓西部時的「昭昭天命（Manifest Destiny）」展開擴大解釋。也就是**「我們領有天命，要向全世界推廣自由、人權、民主主義」**，將進軍世界正當化。第二階段的海權擴張就此展開。

原本是孤立的「巨大島國」

以地緣政治學的觀點提出美國海權理論的，是海軍戰爭學院的教官，同時也是軍人的馬漢（P19）。

馬漢根據過去海權大國都握有世界霸權的歷史，闡述海權的重要性，主張能控制太平洋或大西洋這類世界的大洋者，「就能控制世界」（世界洋理論）。並**建議在夏威夷或菲律賓建設軍事據點，建設巴拿馬運河，將加勒比海納為美國海軍的內海。**

美國遵從馬漢的計畫，進軍世界。

一八九八年，美國吞併夏威夷王國。之後在夏威夷建立美國太平洋艦隊的基地。同年以古巴獨立的問題向西班牙開戰（美西戰爭，1898），占領菲律賓和關島。在菲律賓的戰役中，重新認識了太平洋上的夏威夷作為軍事據點的重要性。進而威嚇中南美各國，建造巴拿馬運河，控制加勒比海。

附帶一提，美國人當中有人認為中南美是他們的**「Backyard」（後院）**。所以蘇聯接近「後院」引發的古巴危機（1962），為美國帶來很大的震撼。

積極進軍世界的美國，並未像歐洲列強那樣採取擴張領土的政策。他們始終都以「孤立主義」當基本原則，不會以領土問題和歐洲各國競爭。美國秉持一貫的態度，聲稱是為了普及推廣「自由」而前進全世界。

那麼，他們究竟做了什麼呢？**在世界各地建造軍事據點，是美國的基本政策**。這背後有地緣政治學的理由。

完全支配北美大陸的美國，若採不同的觀點來看，可說是一個「巨大的島國」。由於是「島國」，所以成為海權國家也是理所當然。**身為巨大島國的美國，其地緣政治學特色便是遠離歐洲和亞洲，獨自孤立**。如果目標是握有世界霸權，孤立的國家相當不利。由於被大洋包夾，在防衛上非常有利，但在攻擊時，光是要運輸戰力就很大費周章，非常不利。

因此，美國決定在世界各地建造軍事據點。也就是**在各地設立支援軍**

「島國」美國的海權擴張

不擴張領土，在各地設立軍事據點

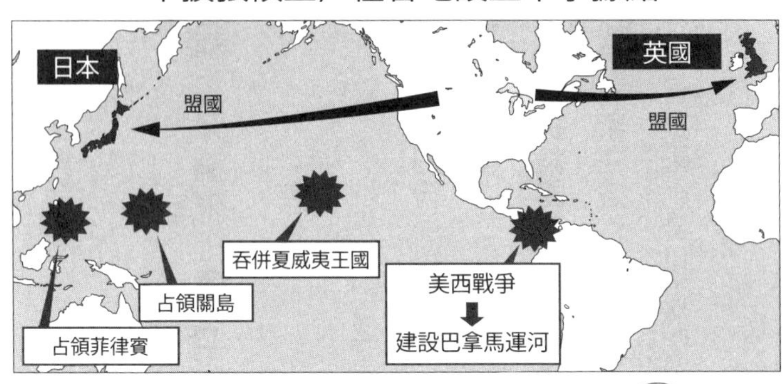

控制世界大洋者，
便控制世界

方各項活動的「兵站」（後勤）。適合當兵站的，是安全又有卓越技術力的國家。

那麼，對美國而言，最適合的兵站是哪兒呢？分別是位於歐亞大陸兩端的**日本和英國**。安全又有技術力的這兩個國家，符合兵站的條件，是值得信賴的海權盟國。

培理的黑船之所以迫使日本開國，其真正目的也不是日本，而是中國。要構築與中國的關係，需要一處海運上的據點。最後經歷了兩場大戰，美國終於成功在日本建立了軍事據點。駐日美軍成了美國的世界戰略不可或缺的重要角色。

以善惡二元論來打造「正義之戰」

不論是第一次世界大戰還是第二次世界大戰，美國原本都沒參戰。一貫地展現不對歐洲的紛爭置喙的「孤立主義」態度。

不過美國一直找尋參戰的藉口。當時的邏輯是善惡二元論。**美國始終是「善」，而反抗美國者，則視為「惡」**。長期以來彼此一再引發衝突的歐洲各國，都以國家利益為優先考量，只要是對國家有利，和誰都能聯手，採取現實外交，但美國則是以善惡來做區分，與「惡」交戰。採用善惡二元論的邏輯，引人落入「正義之戰」這樣的口號中。

在第一次世界大戰中，英國的船隻遭受德國潛艇的無差別攻擊，有美國人因此犧牲，而且海上交通和交易受阻，所以美國以德國為「惡」，就此參戰。這是美國第一次干涉歐洲的戰爭。

而在第二次世界大戰中，因為日本攻擊珍珠港，美國以日本和德國的法西斯主義為「惡」，就此參戰。不過在這之前，美國與英國便針對打倒納粹和戰後處置的構想，在「大西洋憲章」達成共識，美國的參戰是事先便已決定好的事。美國一直在找尋參戰藉口。

善惡二元論的邏輯，之後一樣反覆被拿來運用。

以「世界警察」的身分握有世界霸權

▼海權&空權

戰後的美國在世界各地設立軍事據點，隨著海權同時展開空軍的空權。並自詡為**「世界警察」**，緊盯世界各地的動向。

接著以善惡二元論的邏輯找出「惡」的勢力，並以守護「自由、人權、民主主義」的藉口，干涉多場戰爭。「惡」的對象，在冷戰時代是「蘇聯」，九一一以後是「伊斯蘭激進派」，而近年則是「俄羅斯」和「中國」。「為正義除惡」的構圖，乍看之下頗為正當，但當中暗藏了許多矛盾。

我們來看看以海權和空權掌握世界霸權的戰後美國，是採取何種戰略。

▼本質不是意識形態對立

一般認為戰後的冷戰結構是「自由主義（美國）與共產主義（蘇聯）的意識形態對立」。但這只是很表面的看法。**必須將其本質看成是「海權的美國與陸權的蘇聯間的對立」才行。**

陸權國家蘇聯以古巴為據點，試著對海權國家美國施壓，但最後以失敗告終（古巴危機）。不過，走的是陸權王道的蘇聯，實力堅強。蘇聯從歐亞大陸的中心（心臟地帶）進軍周邊的邊緣地帶，想控制緣海。美國加以迎擊，在朝鮮半島形成韓戰，在中南半島形成越戰。

韓戰（P218）最後以北緯38度線處於停戰狀態，雙方平手。由於中國和陸權國家蘇聯一起援助北韓，所以美國才無法戰勝。

越戰（P229）是美國見蘇聯援助的北越想要南北統一，因而以「防止亞洲的共產主義擴大，保護自由與民主主義」為藉口參戰。美國援助南越，投入五十萬名陸軍。但北越和南越的解放民族戰線展開的游擊戰，令美國陷入苦戰，最後不得不撤退。

在越戰中高喊的「保護自由與民主主義」的大義，引來質疑。美國國內就不用說了，全球的反戰運動不斷擴大，是一場批評聲浪高漲的戰爭。

然而，**對想以海權掌握世界霸權的美國而言，韓戰與越戰是勢無可避的戰爭**。他們無論如何都得防止蘇聯前進邊緣地帶，而且必須串聯歐亞大陸周邊的據點，控制緣海與邊緣地帶。

引發中東的動亂？

美國與蘇聯的相互較勁，也在中東上演。美國透過伊朗和沙烏地阿拉伯，維持他在中東的存在感，但不久後，伊朗引發革命（P200），美國不得不撤退。這時蘇聯馬上南下（入侵阿富汗，1979）。對此，美國提供伊斯

以「世界警察」之姿介入各地的美國

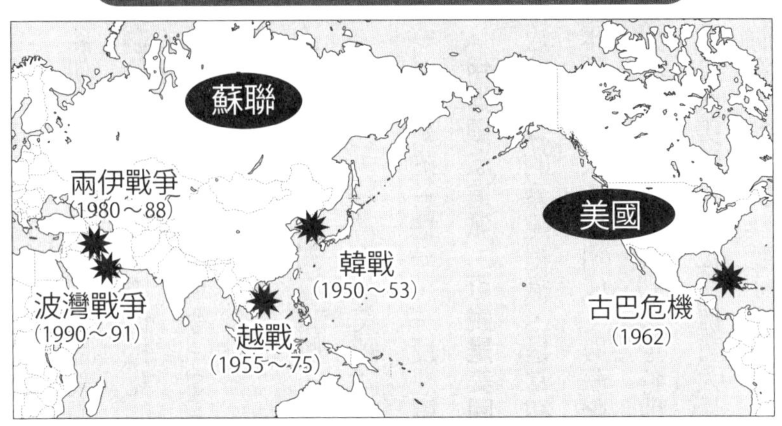

戰後，與陸權國家蘇聯在各地的對立

↓

結果造成世界各地恐怖行動大增

蘭基本教義派的游擊兵高性能的武器，給予援助。

另一方面，美國以大規模的武力支援伊拉克，想打倒伊朗的革命政權（兩伊戰爭），最後於一九八八年停戰。如此一來，因戰爭而經濟崩潰的伊拉克，改為入侵蘊含豐富石油的鄰國科威特。科威特是英國為了獲取石油特權，而人為建立的國家。而伊拉克則認為科威特是他們的領土。

不過，身為「世界警察」的美國不容許這種事發生。話說回來，以經濟方式將伊拉克逼入絕境的正是美國，所以伊拉克入侵科威特，就像是美國一手策劃的一般，但美國將伊拉克的海珊政權視為「惡」，集結多國籍的軍隊出兵攻打。這便是**波灣戰爭**（1990）。伊拉克馬上撤退，這時候尚未演變成嚴重的事態。

冷戰結束，美蘇對立化解，美國獨大的單極體系就此成形。但並未維持太久。自從九一一當天，美國同時遭遇多起恐怖攻擊後，出現了「伊斯蘭激進派」這個新的「惡」，「反恐戰爭」就此展開。

「伊斯蘭激進派」可說是美國自己孕育而成。如前所述，被視為九一一恐怖攻擊主謀的蓋達組織，是當初蘇聯攻打阿富汗時，美國提供援助的伊斯蘭基本教義派人士所組成。與蘇聯交戰而擁有自信的他們，培養聖戰士，成了強大的恐怖組織。他們遊走各地，鎖定歐美引發無差別恐怖攻擊。

此外，美國以伊拉克擁有大量殺傷性武器為由（事後證實是謊言一場）而發動伊拉克戰爭，讓海珊政權垮臺，但**平衡瓦解的伊拉克國內反而陷入一**

片混亂。反美情緒高漲，同時恐怖攻擊頻傳。換言之，是美國自己壯大了伊斯蘭激進派。

美國以「反恐戰爭」造成恐怖行動大增。**來到歐巴馬政權後，他改變戰後美國的基本戰略，拆下「世界警察」的招牌。**不再介入中東、歐洲、亞洲的戰爭。也就是「不想再捲入無謂的紛爭中」。說起來，算是回歸戰前的門羅主義（孤立主義）。

但在地緣政治學中，有個規則是「只要抽手，就會受制」。因歐巴馬政權採行孤立主義，美國抽手。結果**世界各地的反美勢力開始壯大。**中國前進東海、南海，俄羅斯併吞克里米亞，在烏克蘭擴張勢力。因美軍撤退，伊拉克和敘利亞陷入內戰狀態，這時伊斯蘭激進派的ＩＳ（伊斯蘭國）也乘勢出現。

而在這種混亂狀況下登場的，是川普。

以離岸制衡建立有利的權力平衡

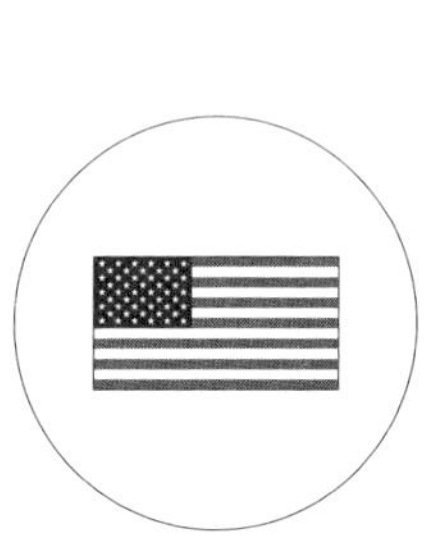

川普離岸制衡

川普基於「美國第一主義」的觀點，將威脅美國霸權的目標明確化，並徹底將目標逼入絕境。此時採取的戰略是「離岸制衡」。我們這就來看看川普的「離岸制衡」吧。

川普無意肩負「世界警察」的角色。這點和歐巴馬政權一致。不過，歐巴馬政權的和平主義、消極主義的特質很強烈，結果造成世界各地的反美勢力壯大。對此，川普則是對該施壓的目標積極施壓。

這時，他基於「美國國民已經不必再為世界犧牲或出錢了」的**美國第一**

主義的想法，不再投入超出必要的軍力。即便美國沒全面介入，一樣**可以在海上（離岸）控制，地區的事務交由地區的夥伴去處理，對美國相對有利的勢力均衡得以成立的話，這樣就行了。**

這就是川普式的「離岸制衡」。與英國傳統的「權力平衡」想法很類似。

➤ 與阿塞德、俄羅斯聯手，成功打垮ＩＳ

川普最初鎖定的目標，是ＩＳ（伊斯蘭國）。為了徹底打垮ＩＳ，他採取與俄羅斯和敘利亞的阿塞德政權聯手追擊的戰略。

當初歐巴馬政權高喊要打倒阿塞德政權，與阿塞德政權以及援助他們的俄羅斯展開對立，但這對與阿塞德政權對立的ＩＳ來說，反而是有利的狀況。因此川普改變戰略，與阿塞德和俄羅斯聯手。

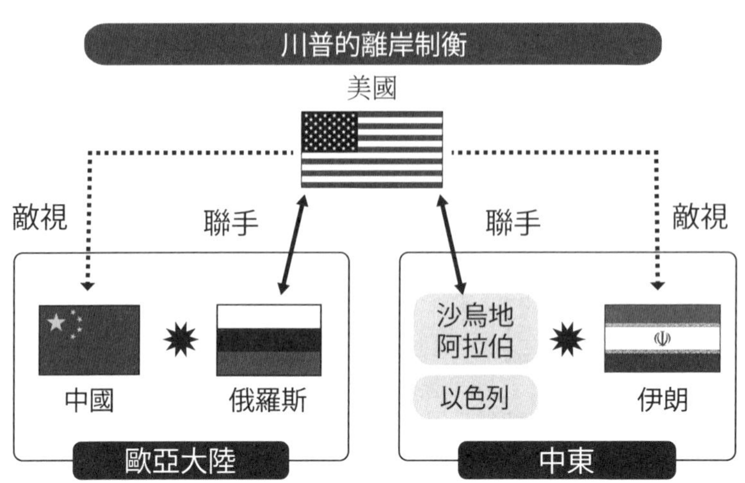

從海上（離岸）控制，
同時各地區的問題又能交由各自去處理的方針

此外，基於離岸制衡的戰略，決定不干涉敘利亞內戰。川普說「勢必得停止推翻國外政權的競賽」。

但阿塞德政權使用化學武器，美國便在二〇一七年四月對敘利亞的空軍基地展開飛彈攻擊。這次攻擊是向全世界（尤其是北韓和中國）傳達**「敢跨越紅線我就打你」**的訊息，警告意味濃厚。

二〇一七年十月，獲美軍援助的敘利亞民主軍，解放IS首都拉卡，IS已實質瓦解。這麼一來，川普可說是達成了一項目的。

因為ＩＳ的實質瓦解，川普降低對中東的干涉。也因此，在中東地區，昔日爭奪霸權的土耳其（鄂圖曼帝國）改採和伊朗（波斯帝國）、沙烏地阿拉伯競爭的態度。川普基於阻止擁有核武的觀點，一直與伊朗保持距離，同時又**與敵視伊朗的沙烏地阿拉伯和以色列聯手，離岸控制中東。**

▼ 阻止伊朗和北韓擁有核武

在離岸制衡下，一旦會造成威脅的勢力形成，就將對方徹底打垮。川普視為威脅的，有伊朗和北韓的坐擁核武，以及下一個（P68）會談到的中國。

川普想防止伊朗和北韓開發核武。這時候最重要的，就是要同時對付這兩個國家。**伊朗和北韓在開發核武方面，處於合作關係，所以若不同時處理就沒意義。**

對「核武開發國」伊朗和北韓的對策

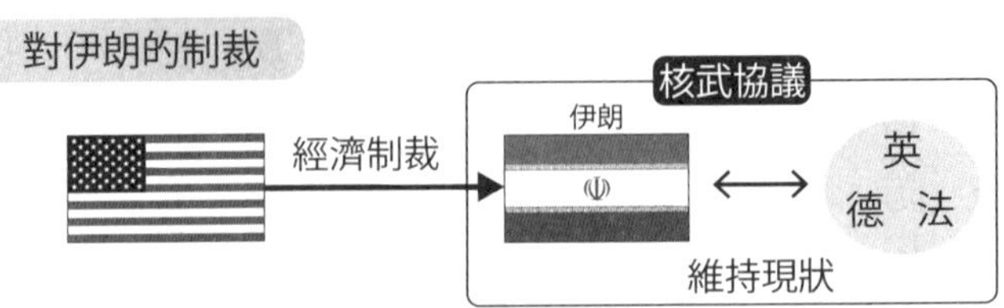

美國退出核武協議，對伊朗展開經濟制裁

與北韓的交涉

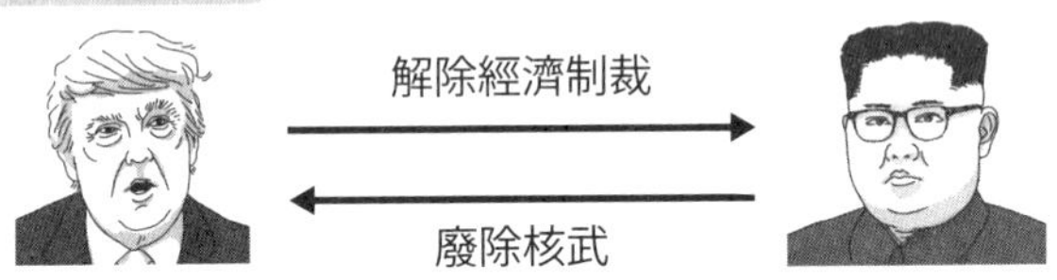

在美國北韓高峰會中，針對非核化展開對談

首先是伊朗，在歐巴馬政權時代的二〇一五年七月，經伊朗與聯合國安全理事會常任理事國等五國（美英法德中）舉辦的核武協議，最後達成協議。

這份核武協議在當初就已指出問題點。雖然限制開發核武，但從二〇二五年起會階段性解除限制。此外，伊朗國內仍保留濃縮鈾裝置等核武相關設施，無法完全打破其核武開發計畫。伊朗仍有可能重新開發核武。

川普為了締結「對現行滿是缺點的協議進行補強的新協

議」，而試圖策動英法德，但最後決裂。英法德與伊朗在商業上關係緊密，就他們的立場，希望能維持核武協議，是他們真正的心聲。於是**美國決定退出伊朗核武協議，採階段性地加強對伊朗的經濟制裁**。

接著是北韓。

自從二〇一七年一月川普政權成立以來，北韓便加快飛彈與核武的開發。川普原本要求中國的習近平說服北韓，但明白此舉無法奏效後，便打算不靠中國自行解決，加強軍事施壓。派遣核動力航空母艦和核動力潛艦到日本海，美國與北韓間的緊張情勢攀升到最高點。

這時川普不光只是威脅北韓，還提供正確的選項，想以此逼迫北韓放棄核武。

美國與北韓展開對話的情勢就此形成，二〇一八年六月十二日舉行了**第一次美國北韓高峰會**。當時雙方達成「當北韓廢除核彈時，美國便解除經濟制裁」的交易（Deal）。

但後來因川普政權瓦解，北韓再次加快開發飛彈的步調。

因經濟制裁而爆發美中貿易戰

以經濟制裁來圍堵中國

川普的最大目標是中國。中國以大規模的經濟活動創造龐大資金，並以此為基金來擴張軍事。企圖在東海和南海以「武力支配」來改變現狀。面對這種情勢，川普對中國的經濟活動展開制裁。**貿易和金融經濟也算是一種戰爭工具，所以這是「美中貿易戰」**。

川普政權從二〇一八年七月起，正式對中國發動經濟戰。

一開始以中國侵犯智慧財產權為由，對中國進口的八百一十八項商品，相當於三百四十億美元，課以25%的關稅。對此，中國也課以同樣規模的報復關稅。

自此以後，中國對於美國的制裁，都只是「以眼還眼」，單純地展開報復，陷在這樣的愚昧對策中，結果導致美國擴大制裁關稅。中國企業對美的出口量急遽下滑，收益銳減，中國經濟成長變成牛步。

川普政權對中國的大通訊企業華為和 ZTE 也展開制裁。這是**圍繞著通訊領域的次世代行動通訊系統（5G）的實用化展開的競爭**，目的在於困住美國競爭對手的這兩家中國企業。

5G 是與戰鬥機遠距操作等軍事技術有直接關聯的系統，與安全保障息息相關，是至為重要的大問題。在這場「美中 5G 戰」，美國發揮了影響力，澳洲、印度、英國、日本等國也都將這兩家公司排除在 5G 之外，這樣的動作向外擴散開來。

美中貿易戰的內幕

貿易面

・關稅制裁
・禁止使用華為和 ZTE（政府相關人士）
・將這兩家公司排除在「5G」外

軍事面

「航行自由行動」

派遣飛彈巡洋艦到
中國作為軍事要塞的南海

催促中國根據國際規則展開自由貿易

✔英法也加入美國的「航行自由行動」

一般大眾都認為，川普高喊美國第一主義，採取保護主義，而習近平則是在國際社會下保護自由貿易，但其實這並非實情。

中國始終都是採計畫經濟。在中國共產黨的一黨獨大下，在經濟上也採取各種規範和管理體制。外國企業就算想在中國自由展開經濟活動，也辦不到。中國出口的產品，許多都侵犯專利等智慧財產權，根本稱不上是自由貿易。**中國的貿易，始終都是對本國產業採保護主義，以此作為主軸。**

川普政權可說是在催促中國根據國際規則來展開真正的自由貿易。

而另一方面，對於中國在南海持續推動軍事要塞建設，**美國也派遣飛彈巡洋艦和飛彈驅逐艦前往，實施「航行自由行動」，想重拾軍事優勢。**並號召英法一同行動，形成中國包圍網。

川普的對中戰略，目的不是要引發美中戰爭，而是要中國遵守國際規則。其最終目的，是要以美國第一主義重振美國經濟。

事實上，在川普政權時代，失業率降至3.5％，睽違五十年再次創下這麼低的紀錄。而促成這項紀錄的背景，是建造墨西哥邊境的高牆，將非法移民阻擋在外，守住美國國民的雇用和安全。而藉由大幅度減稅，也促成史上空前的好景氣。

退出巴黎氣候協定

我們先來看川普推動的能源策略吧。

以「化石燃料＋再生能源」發電，是川普的能源主軸。所謂的化石燃料，指的是煤、石油、天然氣。

美國引發了油頁岩革命，這是透過技術開發，來開採油頁岩層裡的石油和天然氣，以增加能源的產量。尤其是拜量產化的天然氣之賜，能源供應充裕，美國對中東的能源依賴降為兩成。

天然氣的輸送管，像網眼一樣遍布美國本土。天然氣以輸送管運送，成本比較低廉。附帶一提，如果要出口，要將天然氣冷卻，做成液化的液態天然氣（LNG），但這樣成本較高。日本就是進口LNG。與化石燃料一樣，還有另一個主軸，那就是再生能源。美國的陽光和風力的發電量，在自由經濟下很自然地增長，已占全體的10％。

川普在推動「化石燃料＋再生能源」的戰略下，於二〇一七年六月表明要退出巴黎氣候協議。

巴黎氣候協議是因應地球暖化的國際框架，於二〇一五年制定，二〇二〇年施行。與只有先進國家被課以削減排放量義務的京都議定書不同，全世界一百九十六個國家和地區，全都被課以義務，要提出削減溫室氣體排放的目標以及實際績效檢查。但身為世界最大溫室氣體排放國的中國，從實質上來看，在二〇三〇年之前可以完全不限制溫室氣體排放量。

話說回來，川普提出「氣候變遷的問題是一場騙局」，對這個問題本身存疑，**不過他退出的真正目的，是要以「美國第一主義」來守護美國經濟。**

美國總發電量有60％左右是化石燃料帶來的火力發電。歐巴馬政權為了達成巴黎氣候協議的目標，加強對火力發電的限制，但用電成本就此提高，間接壓迫到製造業的經營，重創美國經濟。

對此，川普藉由取消限制來支持煤和頁岩氣的開發，創造新的產業，增加雇用機會。

疫情後的美國與世界各地反美勢力的對峙

走國際協調路線的拜登政權

在新冠疫情四處蔓延下舉行的二〇二〇年秋季總統大選，形成「民族主義的共和黨川普」與「全球主義的民主黨拜登」的對決。結果川普落敗，**拜登成為美國第四十六任總統。**

川普政權主張美國第一主義，而拜登政權則是改走**國際協調路線**。提出回歸巴黎氣候協議，頗受全世界歡迎。

不過，川普是以地緣政治學的觀點來打壓反美勢力，但拜登沒有這樣的戰略，因而世界各地逐漸出現不平靜的動向。

沿續川普式的對中強硬態度

首先是對中關係。

歐巴馬政權時代秉持「戰略忍耐」政策，允許中國的擴張，而拜登是當時的副總統。他與中國的關係深厚，根據報導，其次子杭特·拜登與一家中國能源大企業有生意往來，而這家企業與中國軍方有關聯。人們認為就是因為這個緣故，他才無法像川普政權一樣對中國採取強硬的政策。不過就目前來看，拜登延續川普政權的戰略，仍採取牽制中國的態度。

首先他**推動日本主導的「Quad（四方安全對話）」（日美澳印戰略對話）**。這是以地緣政治學的觀點，採取海權勢力將中國包圍的態勢，謀求強化南海和印度洋的安全保障。

此外，美英澳三國組成的新安全保障框架**「AUKUS」**也一併形成。比起四方安全對話，AUKUS 更強調軍事、安全保障，同樣假想中國會前進海洋。

此外，還指出新疆維吾爾自治區和香港人權打壓的問題，表明會對二〇二二年北京冬奧採取外交抵制。

荒腔走板的阿富汗撤兵

二〇二一年八月，拜登政權命美軍撤兵阿富汗。

不過這個時候。**美國以及國際社會持續給予援助的甘尼政權瓦解，形成拱手將權力交給武裝勢力塔利班的事態。**而伊斯蘭國組織ISIS—K看準這個權力空窗期，在首都卡布爾的國際機場附近引發自爆恐怖攻擊，造成包括美軍和阿富汗人在內共70多人死傷的慘事。

如此荒腔走板的行徑，讓人聯想到當初從越南撤軍一事，重重傷害美國人民的尊嚴，拜登的支持度也因此急速下滑。

說到阿富汗，是許多部族群雄割據的山岳地帶，原本就是一處難以支配的地區。歷史上不論哪個大國，想要統治此地，都是失敗收場，人稱「帝國墳場」。

昔日的波斯帝國、亞歷山大大帝、十九世紀演出大博弈的俄國和英國、一九七九年的蘇聯，都曾攻打此地但全都鎩羽而歸。這次美國一樣不例外。

接下來鎖定阿富汗的，是中國。對中國來說，這是擴大「一帶一路」（P136）的好機會。而另一方面，現在少了美軍這個安全裝置，對中國而言，也是一種風險。因為逃離中國政府打壓的回教徒，逃進塔利班旗下，接受訓練，有可能會在中國國內引發恐怖攻擊。

反美勢力擴張

而川普原本為了防止核武擴散而鎖定的伊朗和北韓，現在又是怎樣的情況呢？

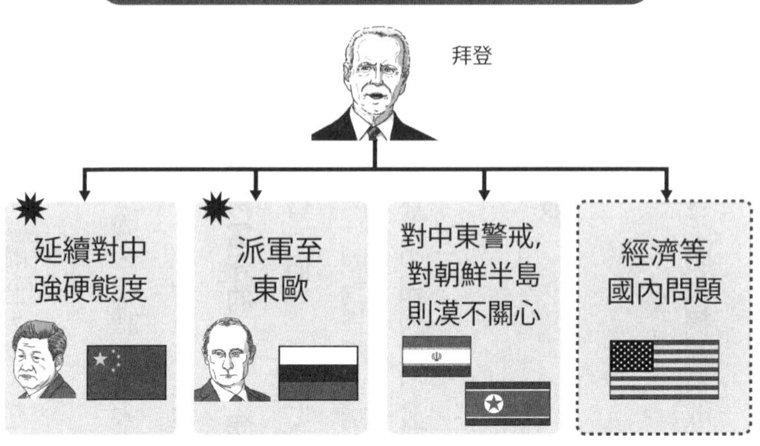

想以防止反美勢力擴張的戰事，來恢復支持率？

伊朗已增加高濃縮鈾的貯存量，以完全悖離核武協議的方式開發核武。雖然美國想重新簽訂核武協議，但可以預見，交涉肯定是困難重重。拜登暗示會採取強硬的手段，但這麼一來，中東恐怕又會引發新的紛爭。

北韓還是和以前一樣，一再地展開發射飛彈的實驗。他們的飛彈中甚至包含了新型的極音速飛彈。

以金正恩的立場，他其實是想藉由展現飛彈的威脅，引拜登和他坐上談判桌。但**拜登政權持**

續展開經濟制裁，對朝鮮半島的情勢表現得漠不關心。不過，若持續放任北韓不管，他們的核彈技術恐怕會愈來愈進步。

這時也爆發了烏克蘭危機。

自二〇二一年春天後，俄羅斯朝烏克蘭邊境集結大軍，施壓烏克蘭，要他們別加入北約組織。對此，拜登政權拒絕俄羅斯提出的「北約組織不東擴」的要求，並派兵東歐。美國以外的一部分北約組織成員國也派遣船艦和戰鬥機到東歐，但不認同派兵到非北約組織成員國的烏克蘭，找尋和平解決的方法。歐洲各國的能源都仰賴俄羅斯，所以有無法採取強硬態度的苦衷（P98）。就這樣，拜登政權與歐洲各國對俄羅斯的態度不同調。

在這樣的情勢下，於北京冬奧落幕後的二〇二二年二月二十二日，**普丁承認烏克蘭東部親俄派武裝勢力所控制的兩個地區（頓內次克人民共和國、盧甘斯克人民共和國）獨立，並開始對烏克蘭展開軍事攻擊**。

美國對於非北約組織成員國的烏克蘭，採取不以軍事介入的方針，其他北約組織成員國也是採同樣的方針。雖然已施予嚴厲的制裁，但能對抗俄羅斯的方法有限。拜登政權對烏克蘭危機展現堅持對抗的態度，想以此恢復他在國內的支持度，卻就此落入困境中。

美國國內出現約40年不見的高度物價攀升（拜登通膨）和大型年度支出法案的審預算受挫，再加上疫情，問題可說是堆積如山。能源價格攀升的原因之一，是因為重視環保，而遲遲無法拿定主意增加頁岩油產量。

二〇二二年秋天的中期選舉要是落敗，拜登政權恐怕會瞬間跛腳。

第3章

回歸帝國主義的北方大國

俄羅斯的地緣政治學

為何俄羅斯總要往南發展？

從西歐到亞洲都吃得開

在思考俄羅斯的地緣政治學時，先了解其**歷史的由來**非常重要。

俄羅斯起源於九世紀。從波羅的海前來的北歐諾曼人，征服了這裡的原住民斯拉夫人。這就是以基輔（現在的烏克蘭首都）為中心的基輔大公國。所以俄羅斯是「諾曼人征服斯拉夫人所建立的國家」。

諾曼人是建立北歐國家、征服英國的人種，所以可以說「俄羅斯是西歐的一部分」。同時，它的原住民是斯拉夫人，所以也具有斯拉夫人的獨特性。例如對巴爾幹半島的塞爾維亞和保加利亞，他們能說「我們同是斯

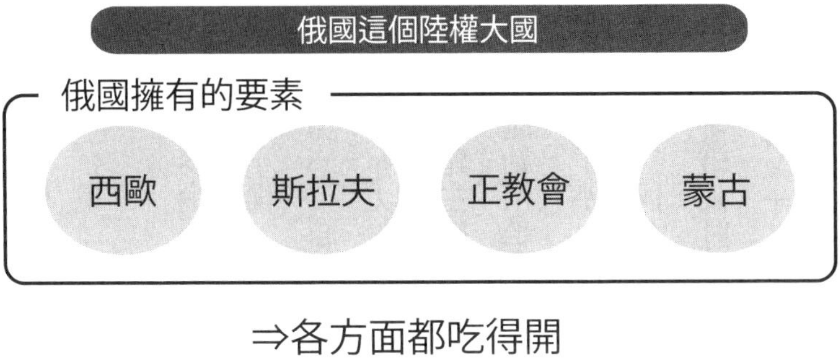

俄國這個陸權大國

俄國擁有的要素

西歐　斯拉夫　正教會　蒙古

⇒各方面都吃得開

拉夫體系的夥伴哦」。更進一步來說，基輔大公國改信希臘正教會，之後的俄羅斯帝國自稱是拜占庭帝國的後繼者。所以對希臘等國可以說「我們同是正教會的夥伴哦」。

此外，受蒙古統治後，於十五世紀獨立的莫斯科大公國，自稱是蒙古王（汗）的後繼者。所以能對亞洲說「我是蒙古大汗的後繼者哦」。因此像哈薩克和烏茲別克這些中亞國家，能坦然接受俄國的統治。

俄羅斯就像這樣，各方都吃得開。這點在實現地緣政治學戰略上非常重要，也是俄羅斯成長為全球最大陸權國家的主要原因之一。

同時以四大艦隊覬覦海上霸權

如同麥金德所指出，俄國擁有易守難攻的陸權。艦隊無法從海路溯河入侵，固若金湯。

而另一方面，俄國在進攻方面有弱點。那就是沒有隨時都能出動軍艦的不凍港。所以**為了尋求不凍港而南下的「南下政策」，就此成為俄國的地緣政治學戰略主軸**。

一開始不是南下，而是在波羅的海建造港口。十七世紀末，彼得大帝在面向波羅的海的聖彼得堡開設軍港，設立**波羅的海艦隊**。波羅的海艦隊牽制波羅的海三國和芬蘭，保住出海口。

接著俄國盯上黑海。黑海能行經博斯普魯斯海峽和達達尼爾海峽，前往地中海。十八世紀，葉卡捷琳娜二世與鄂圖曼帝國交戰，取得烏克蘭和克里米亞半島。接著在朝黑海挺出的克里米亞半島的塞凡堡開設軍港，設

覬覦海上霸權的俄國四大艦隊

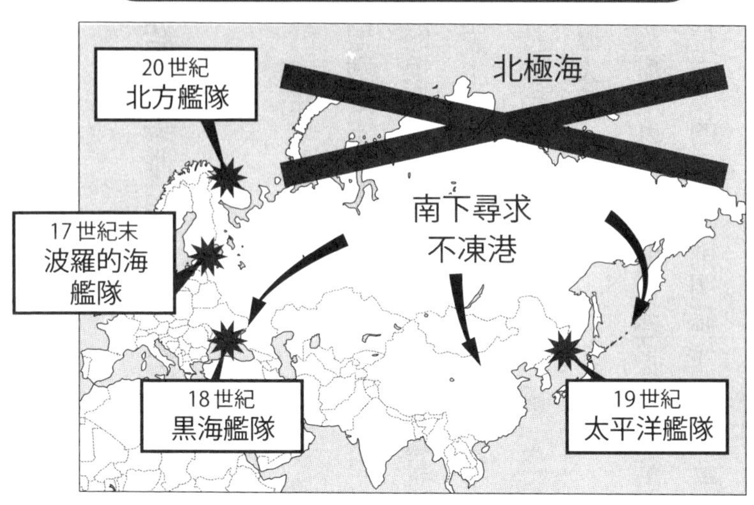

立**黑海艦隊**。二〇一四年併吞克里米亞，其目的在於保護這座軍港（P88）。

南下政策的另一條路線，是太平洋。十九世紀時，亞歷山大二世向中國奪取日本海沿岸的濱海邊疆州，在海參崴開設軍港，建立**太平洋艦隊**。而到了二十世紀，又建立了**北方艦隊**。北方艦隊的目標是奪回北極圈加以管理，而現在它的重要性大增（P124）。

以上便是俄國海軍的四大艦隊。俄國雖是陸權國家，但藉著擁有軍港和艦隊，也開始覬覦海上霸權。

▼從親歐美派轉為斯拉夫派的普丁

俄國在十九世紀一再展開大博弈（P37），但全都敗在英國手下。與英國的盟國日本交戰（日俄戰爭），太平洋艦隊和波羅的海艦隊落敗，前進太平洋的美夢就此破滅。另外，俄國還說要以同是斯拉夫民族的身分合作（泛斯拉夫主義），嘗試前進巴爾幹半島，但在克里米亞戰爭和俄土戰爭中受阻。接著與採取 3B 政策的德國（P167）起衝突，就此成為第一次世界大戰的導火線。

經歷一九一七年的俄國革命後，蘇聯就此成立。列寧是親西歐派，但之後斯拉夫派的史達林則明確採取與西歐對決的態勢。戰後將東歐各國納入蘇聯的陣線，與西側的歐美對峙，就此形成冷戰。波羅的海三國成為蘇聯的領土，蘇聯就此擁有波羅的海的霸權。另外還在大戰末期吞併南庫頁島和千島群島，奪下鄂霍次克海的霸權。

戈巴契夫時代冷戰結束，接下來的葉爾欽時代，引進美國式的市場經濟。戈巴契夫和葉爾欽為親西歐派，在西方評價頗高，但在俄國國內則不受歡迎。這個時代大力推動國營企業民營化，取得經營權的猶太人新興財團陸續出現。他們獨占龐大的財富，對政治也帶來很大的影響，遭受國民嚴厲的批判。此外，車臣等地的獨立運動愈演愈烈，引發了大動亂。而平息這場混亂的人正是普丁。**普丁將猶太人新興財團的資產收歸國有，消除了國民的不滿，並以武力鎮壓獨立運動。**附帶一提，車臣是將裏海油田的原油送往歐洲的輸油管行經的路線，所以俄羅斯絕不允許它獨立。

普丁是斯拉夫派。他打出與歐美對決的態勢，想讓強盛的俄羅斯東山再起。

為什麼要**併吞克里米亞？**

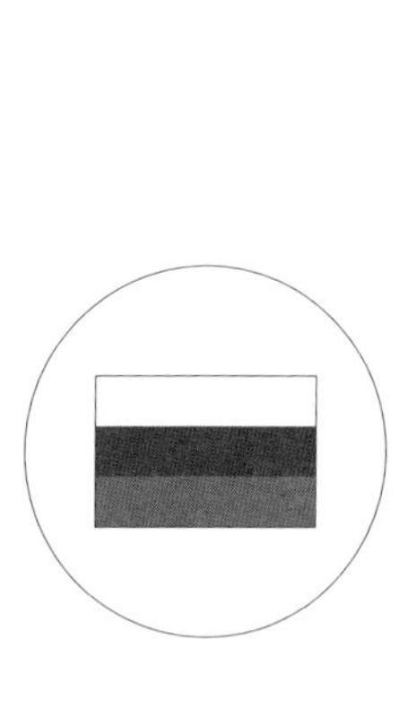

入侵喬治亞是對美戰略

自從二〇〇〇年普丁就任總統後，便在各地引發與歐美的對立。例如入侵喬治亞、併吞克里米亞、烏克蘭危機等等。每個看起來都像是「俄羅斯單純只是想擴張領土」，但仔細看會發現，**這當中暗藏了普丁強悍的地緣政治學戰略**。

一開始是入侵喬治亞。二〇〇八年八月，俄羅斯大軍入侵舊蘇聯時期領土的喬治亞南方的奧塞提亞。

先展開行動的，是喬治亞親美派的薩卡希維利政權。他想讓留駐在南奧塞提亞的俄軍退兵，驅逐這個地區的奧塞提亞人。俄軍對此展開反擊。因此先動用武力的薩卡希維利政權本身也有錯。

俄羅斯入侵喬治亞

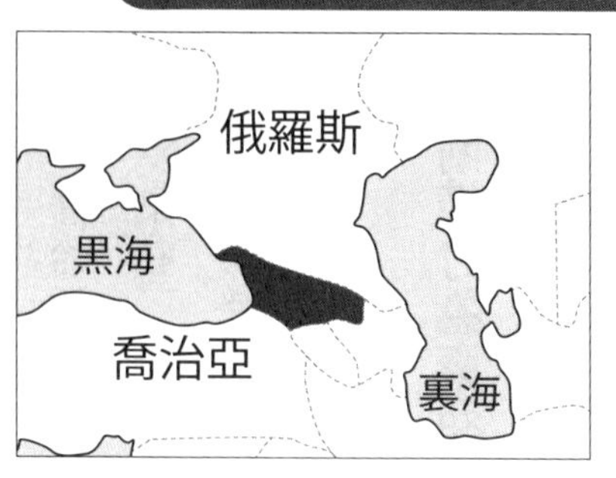

對討論要加入
NATO 北約組織
的喬治亞出手干涉

俄羅斯沒放過這個機會，就此展開攻勢，戰勝喬治亞後，派兵駐守南奧塞提亞和阿布哈茲，並單方承認這兩國的獨立。這兩國的獨立雖然未獲國際承認，但在俄羅斯的影響下，實際上已是獨立國家。

那麼，為什麼俄羅斯要干涉喬治亞呢？

其實裏海周邊有龐大的石油和天然氣的權益，歐美企業在此展開龐大的投資。他們計畫著這些石油、天然氣可以透過行經喬治亞的管線接送往歐洲，不必經由俄羅斯。美國長年來一直援助這項計畫。因此，俄羅斯入侵喬治亞的目的之一，就是要**讓歐美的這項能源計畫受挫**。

此外，**喬治亞也在檢討要加入北約組織，所以此舉也有加以阻止的用意。**就結果來看，入侵喬治亞，成為二〇一四年因加入北約組織的問題而激化對立的烏克蘭危機前哨戰。

烏克蘭被分為東西兩邊

二〇一四年三月，俄羅斯併吞烏克蘭的克里米亞自治共和國。併吞克里米亞，是烏克蘭危機造成這樣的契機，所以我們先看看其背景。

烏克蘭是昔日基輔大公國的所在地。基輔大公國在十三世紀時遭蒙古人滅國，而在蒙古勢力衰退後，俄國（莫斯科大公國）和波蘭在此進出。十七世紀，以流入黑海的聶伯河為分界，東半邊分割給俄國，西半邊分割給波蘭。**從當時的領土分割後，東半部的居民以俄羅斯人居多，西半部則是以烏**

俄羅斯干涉的烏克蘭危機

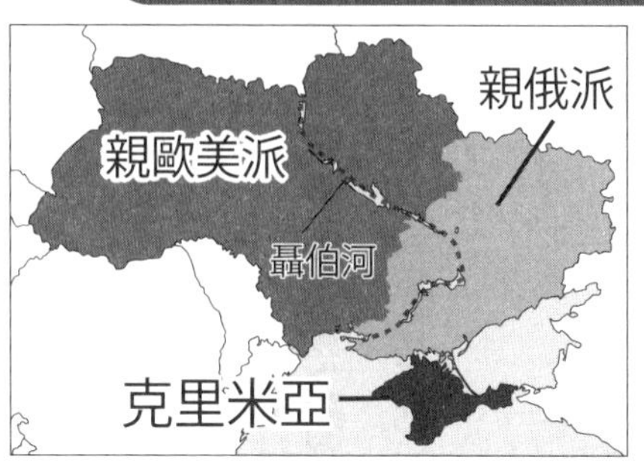

親俄派的
東部克里米亞，
被編入俄羅斯版圖

**入侵喬治亞和烏克蘭危機，
都是為了阻止北約的軍隊進出所採取的南下政策**

克蘭人居多。

之後藉由近代化壯大實力的俄國，一邊援助西側的哥薩克軍，一邊吞併烏克蘭全土，並在葉卡捷琳娜二世的時代奪下克里米亞半島，興建軍港（P85）。從這個時代起，俄羅斯人便開始移居此地，所以時至今日，克里米亞的人口有六成都是俄羅斯人。

烏克蘭從俄羅斯帝國到蘇聯時代，都歸俄國所有。後來因一九九一年蘇聯解體而獨立。此時克里米亞半島已脫離俄羅斯，歸烏克蘭所有。但俄羅斯對塞凡堡的軍港仍舊不想放手，所以改用租借。租借期限到二〇一七年，但二〇一〇年更新租約，延長至二〇四二年。

而在烏克蘭獨立後，東部的俄羅斯人居民（親俄羅斯派）和西部的烏克蘭人（親歐美派）之間仍對立不斷。二〇一四年，**因加入歐盟的問題，引發親歐美派和親俄羅斯派之間的衝突，就此爆發烏克蘭危機（P94）**。就在這樣的情勢下，展開克里米亞歸屬公投。

➤戰後第一次以武力變更領土

克里米亞的公投，是按照民主主義的步驟進行。結果贊成納入俄羅斯的人民以97％獲得壓倒性勝利，投票率也高達82％。依照國際法的規則，人民要歸於哪一國，可由人民自己決定，所以這項領土變更應該被認同。

但這次的公投是在被視為俄軍的武裝「義警」監視下進行，實際上是在俄羅斯軍隊的壓力下舉行的公投。

因此，**俄羅斯併吞克里米亞，也可說是「以武力變更領土」**。戰後的國際社會，沒發生過「以武力變更領土」的情況。就這層含意來看，這是歷史上的重大事件。

對俄羅斯而言，克里米亞是他們非守住不可的土地。**一面採取南下政策，一面阻止西方勢力在此進出，這裡可說是地緣政治學上的要衝**。如果俄羅斯撤退，以美軍為中心的北約組織軍就會取而代之，在此駐守，構成俄羅斯的威脅。所以就算用強硬手段也要拿下，這就是併吞克里米亞的始末。此外，普丁之所以能悍然併吞克里米亞，當時的美國總統歐巴馬採取消極態度也是原因之一。歐巴馬不喜歡武力外交，雖然嘴巴上加以譴責，但對軍事介入採取消極態度。普丁就是看透歐巴馬的消極態度，才會展現強硬態度。

為什麼不肯停止對烏克蘭的干涉？

親俄政權撤回加入歐盟的公約

在此，讓我們將焦點放在烏克蘭危機上吧。

蘇聯解體後，烏克蘭雖然獨立，但西部的烏克蘭人（親歐美派）和東部的俄羅斯人居民（親俄羅斯派）之間的對立仍舊持續。

在二〇〇四年的總統大選中，西部親美派的尤申科與東部親俄羅斯派的亞努科維奇競爭激烈，最後亞努科維奇以些微票數獲勝。尤申科的支持者以選舉不公為由，展開大規模的抗議運動，最後重新選舉。結果尤申科當選總統。此事人稱橘色革命。

橘色革命被視為舊蘇聯諸國所引發的民主化革命之一。說到民主化革命，聽起來好聽，但**實情不過是歐美對付俄羅斯的戰略罷了**。

尤申科接受猶太人金融資本家喬治．索羅斯的金援，而對亞努科維奇展開的抗議運動，背後也都有歐美政府和基金的援助。

普丁試圖扭轉情勢。他援助亞努科維奇，讓他在二〇一〇年坐上總統大位，打造完全的俄派政權。結果西部的烏克蘭人強烈反彈，為了化解這股聲浪，亞努科維奇簽定公約，加入歐盟。

但二〇一三年，亞努科維奇又撤回加入歐盟的方針。此舉激怒了西部的烏克蘭人，就此爆發反政府運動。亞努科維奇逃亡俄羅斯，取而代之的，是親歐盟派人士成立的烏克蘭臨時政府。

如此一來，改換東部俄羅斯人的居民反彈了。他們接受俄羅斯的援助，展開分離主義運動。**二〇一四年，烏克蘭已實質進入內戰狀態。俄羅斯就是乘著這樣的混亂情勢併吞克里米亞。**

為什麼烏克蘭危機無法結束

因為這裡是歐美與俄羅斯的緩衝區，所以避免不了紛爭

俄羅斯持續干涉

無法遵守停戰協議

俄羅斯在併吞克里米亞後，烏克蘭東部的戰事變得激烈。烏克蘭政府軍與親俄派武裝組織展開激烈衝突。二〇一四年九月暫時達成停戰協議（明斯克協議），但戰爭仍舊持續，隔年二月重新達成協議（新明斯克協議）。

但簽定這項協議後，仍持續展開零星戰役，離停戰狀態尚遠。而自二〇二一年春天起，俄羅斯大軍集結，挺進烏克蘭邊境附近，引發**「新烏克蘭危機」**。

烏克蘭危機處在看不到出口的狀況下。不過，會演變成這樣的局面，也有它的無奈。**因為烏克蘭地處俄羅斯和歐美中間的緩衝區上，**

就地緣政治學來看，擁有無法避免紛爭的命運。

例如在第二次世界大戰中，德國與蘇聯在這塊土地上展開激戰，這裡成了德蘇戰爭的舞臺。烏克蘭人以蘇聯兵的身分被送上戰場，捲入戰火中，據說死亡人數高達八百萬至一千四百萬人。一般都會算成是蘇聯這邊的犧牲者，不過烏克蘭人是大戰中最多人犧牲的民族之一。就像這樣，烏克蘭的所在處，正是東西兩方陣營在此展開衝突，很不走運的場所。

蘇聯解體後，東歐各國都加入以美國為核心的軍事同盟——北約組織（NATO）。結果造成**北約組織的勢力直逼俄羅斯門前**。與俄羅斯國境接壤的波羅的海三國中的愛沙尼亞和拉脫維亞，都是北約組織的成員國。最後只剩烏克蘭。東西的交界線移至了烏克蘭，所以才會在此引發紛爭。

➤承認親俄派的兩個地區獨立

二〇一九年烏克蘭修憲，**決定未來加入北約組織的方針**。只要北約組織東擴威脅仍在，普丁就無法從烏克蘭撤軍。話說回來，冷戰結束後東西陣營就有「北約組織不東擴」的約定，是北約組織違反約定，這是普丁的主張。

另外，普丁之所以不好惹，在於他抓住了西方陣營的弱點。自二〇一四年烏克蘭危機以來，歐盟便高喊要「脫離對俄羅斯的依賴」，目標是追求能源供給來源多樣化。但**以德國和法國為主，對俄羅斯生產的天然氣進口量卻不減反增**。二〇二〇年歐盟的天然氣進口量，有四成以上都來自俄羅斯。

而且取代原本經由烏克蘭的天然氣管線，改為繞過烏克蘭，經波羅的海連接德國的「北溪天然氣管道」已經完成。德國別說「脫俄」了，甚至還加速對俄羅斯的依賴。

美國頻頻說「俄羅斯開始要入侵烏克蘭了」，煽動烏克蘭危機，但德國等歐盟國家面對嚴重能源不足的問題，又不想與俄羅斯的關係惡化，各國的步調無法一致。

而在這樣的情況下，普丁盼不到北約組織不東擴的保證，只好展開行動。在北京冬奧落幕後不久，**俄羅斯承認烏克蘭東部親俄派武裝勢力支配的**

兩個地區（頓內次克人民共和國和盧甘斯克人民共和國）獨立，開始展開軍事侵略。

各國發動對俄羅斯的制裁。其中很重要的動向，便是德國停止承認北溪二號天然氣管道的計畫，不過說起來，這對苦於能源不足的德國和歐盟各國來說，是一大重創。俄羅斯開通運往中國的天然氣管道「西伯利亞力量」，擴大出口量，所以供應對象多得是。附帶一提，普丁和習近平在北京冬奧中的共同聲明中確認「反對北約組織東擴」，朝加深合作的方向邁進。

普丁提高要求，不光是要烏克蘭「放棄加入北約組織」「發布中立宣言」「解除武裝」，還加上一條「承認俄羅斯對克里米亞的主權」，以此作為緩和緊張情勢的條件。普丁的目的，應該是要讓烏克蘭繼續當一處緩衝區吧。如果併吞了烏克蘭，便沒有了緩衝區，將直接與西方對峙，這樣只會提高風險和成本，所以在地緣政治學上算不上是好的戰略。不過，**為了維護緩衝區，俄羅斯還是會持續干涉**。承認頓內次克和盧甘斯克獨立，可說是這項戰略的其中一環。

往東方轉向的俄羅斯，以歐亞主義對抗中國

以重視東方來調整平衡

俄羅斯推動「重視東方」的戰略，以此作為國家計畫。

俄羅斯的人口有八成位於歐洲，但資源主要都在東方的西伯利亞。因此，他們想對這樣的不平衡進行調整，**將人口和國家的重點移往東方**。

這時出現一個問題，那就是**中國**。這項戰略背後有個想法，就是拉攏中國，但同時他們也對崛起的中國存有戒心。

因此，我們就以俄羅斯與中國利弊皆有的關係為主，來看看俄羅斯的東方戰略吧。

為何要以面積平分來妥協呢？

俄羅斯與中國有長達四千三百公里的國境相連。這兩個陸權大國國土相連，所以勢必關係不睦。

事實上，自從一六八九年締結尼布楚條約後，多年來一直都有國境的紛爭。而且大部分都是俄國單方以武力侵犯。但從一九五〇年代後半開始，中國也加強了反擊，國境的緊張情勢升高。一九六九年，在烏蘇里江的珍寶島上發生武力衝突，差點演變成核戰危機。

但在蘇聯解體前的一九九一年，雙方締結了中蘇國界東段協定，就此展開國境劃定作業。對於珍寶島，依照一九九一年的這份協定，雙方同意歸中國所有。

而花了不少時間才達成協議的，是位於黑龍江與烏蘇里江交會點上的大烏蘇里島（黑瞎子島）等三座島的歸屬。這裡從一九二九年起，便都是

始終都追求獲取「實利」的俄羅斯國界劃定策略

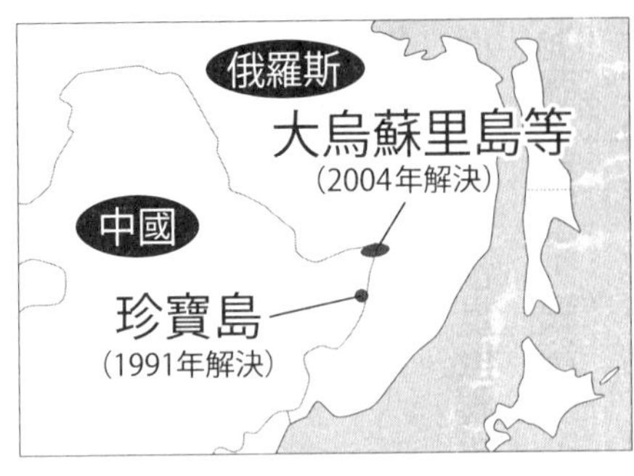

2004 年
對大烏蘇里島
等三座島，
以面積平分解決

●解決國境問題所帶來的好處

避免與中國對決的風險　與中國建立經濟上的連結

↓

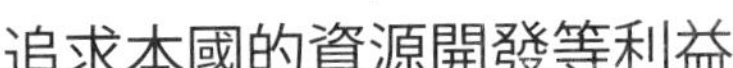
追求本國的資源開發等利益

在俄國的有效控制下，所以一般認為俄國不會退讓。但二〇〇四年，在普丁與胡錦濤的會談下，**以「五五分」的方式解決**。很單純地將河中沙洲分成兩半。如此一來，兩國間的國境問題全部解決，二〇〇八年正式劃定國界。但為什麼普丁要以面積平分的方式妥協呢？

原因之一，**中國開始崛起，他想先撲滅與中國之間有可能引發紛爭的火苗**。俄羅斯的傳統戰略，是在對手虛弱時進攻，對手強盛時後退。普丁遵守這項傳統，避開與中國展開無謂對決的風險。

另一個原因，是**為了開發遠東西伯利亞，想利用中國的成長**。事實上，自從劃定國界後，俄羅斯便加強與中國的經濟連結，建造從西伯利亞通往中國的石油管道，從二〇一一年起開始出口石油到中國。對俄羅斯而言，不論出口進口，中國都成為重要的夥伴，除了中國、俄羅斯外，中亞七國參加的上海合作組織（SCO）也就此展開。

從這樣的國境交涉可以看出，**「該妥協就妥協，以獲取實利」**，是普丁採取的彈性戰略。

其實與挪威的紛爭也是如此。俄羅斯與挪威為了巴倫支海的專屬經濟海域界線，展開長達四十多年的紛爭，但在二〇一〇年，以五五分的方式解決。這次俄羅斯同樣獲得「資源共同開發」的實利。

步上歐亞主義帝國之路

俄羅斯表面上與中國和睦相處，但背地裡雙方其實是陸權的競爭對手，完全沒有解除戒心。

以領土問題來說，有**沿海地區的歸屬問題**。俄羅斯以一八六〇年的中俄北京條約吞併沿海地區（黑龍江左岸及烏蘇里江東岸），從那裡建造遠東城市海參崴。但在中國的教科書中明記，中俄北京條約是「不平等條約」。**中國一直想要日後取回沿海地區**。俄羅斯遠東區的人口約六百三十萬人，相對於此，緊鄰的中國東北部人口超過一億。這個地區的對立已逐漸浮上檯面，俄羅斯對此存有危機感。

此外，在經濟方面，中亞各國正互相較勁。哈薩克、吉爾吉斯、塔吉克、土庫曼等中亞各國，昔日是俄羅斯的「後院」，但曾幾何時，已併入中國的經濟圈，現成成了中國的「後院」。俄羅斯亟欲取回這個地區。

中俄的爭鬥已然發生，二〇二二年初，哈薩克發生全國性動亂，從中可看出背後是親俄派托卡葉夫總統與親中派納扎爾巴耶夫前總統的權力鬥爭。

那麼，俄羅斯對抗中國的策略是什麼呢？那就是二〇一五年一月展開的**「歐亞經濟聯盟（EEU）」**。EEU是由俄羅斯、白俄羅斯、哈薩克、亞美尼亞、吉爾吉斯組成，想在歐亞大陸中央成為像「EU（歐盟）」一般的共同體。

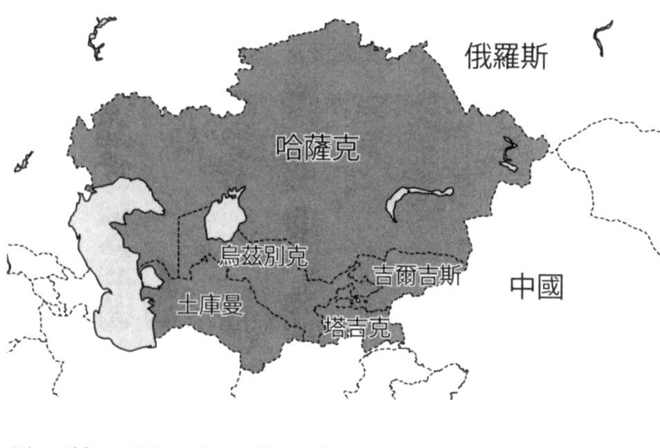

俄羅斯不光只有斯拉夫人，還有突厥人、伊朗人、蒙古人等，是**由各種人種組成的超級民族國家，成為一個帝國，可說是必然的命運**。這稱作**「歐亞主義」**，俄羅斯相信自己是根據一套不同於歐洲、美洲、亞洲的獨特發展法則，一步步走上帝國之路。而將它具體呈現的，就是「EEU」。

解決北方領土問題，拉攏日本成為東方的夥伴

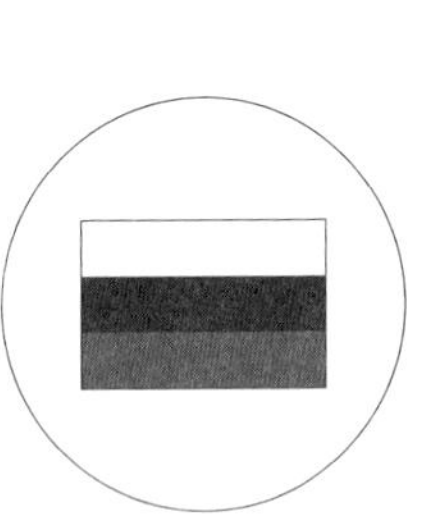

美國打出的反制絕招

在此了解北方領土問題，同時也試著來思考看看今後的日俄關係吧。

十九世紀推動南下政策的俄國，趁清朝（中國）積弱不振，奪下沿海地區（中俄北京條約，1860），在海參崴建造軍港，設立太平洋艦隊。但南方有日本這道障壁，而且還有英國和美國守在日本後方。

俄國一步步從庫頁島和千島群島入侵，與日本展開衝突。在一八七五年的庫頁島千島交換條約下，原本被視為「混居地」的庫頁島成為俄國的領土，不過從千島群島一直到最北的占守島，都成為日本的領土。在日俄戰爭

後簽訂的樸茨茅斯條約下，庫頁島的南半邊歸日本所有。

不過一九四五年八月，蘇聯（俄羅斯）進攻無條件投降的日本，占領庫頁島和千島群島，打破「不會攻打日本領土」的日蘇間約定。此時的入侵，是因為雅爾達會談的遠東密約裡提到「蘇聯攻打日本的交換條件，是保證可獲得南庫頁島和千島群島」。

對蘇聯而言，日本算是他們的邊緣地帶，會想以日本當踏板來控制緣海，前進太平洋。但美國不會允許他們這麼做。美國為了防止日本與蘇聯結盟，打出了反制絕招。那就是「北方領土問題」。

美國刻意以舊金山和約將千島群島的歸屬模糊化，製造「北方領土問題」。試著看舊金山和約會發現，日本放棄了千島群島，但千島群島的範圍並不明確。

日本主張「千島群島中的齒舞、色丹、國後、擇捉這四島，為日本所有」，與蘇聯展開北方領土的交涉。

普丁同意「平手」

在一九五六年的日蘇交涉中，最後以「二島歸還（齒舞、色丹）」達成共識。但美國國務卿杜勒斯向日本恫嚇道「如果國後、擇捉歸蘇聯所有，沖繩也會歸美國所有」。這即是有名的「杜勒斯恫嚇」。於是這兩島歸還案就此撤銷。

在之後的交涉中，蘇聯主張「領土問題不存在」，日本則主張「四島一併歸還」，雙方的討論沒有交集，遲遲沒有進展。在這種情況下，日本的「四島一併歸還」就此成為神話。

那麼，在普丁時代又是什麼情況呢？**普丁說「不光二島（齒舞、色丹），四島（齒舞、色丹、國後、擇捉）都是交涉的對象」**。說這話的俄羅斯總統，他是第一人。另外他還提出「平手」和「沒有贏家和輸家的解決方法」。而且俄羅斯方面還主動傳出訊息，指出中俄國境劃定的五五分

今後的日俄關係與北方領土問題

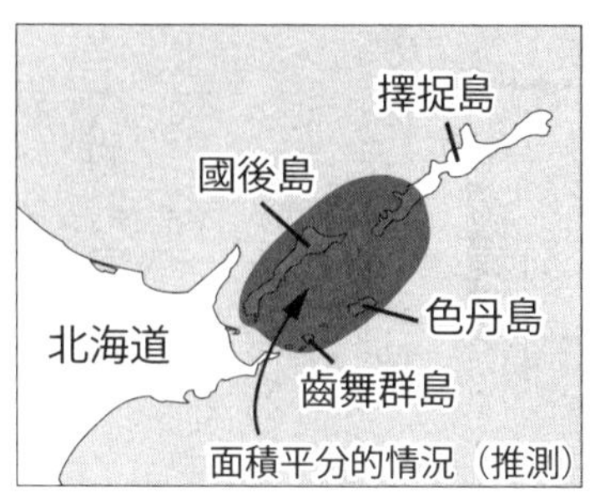

●歸還交涉的對象

①四島一併歸還
…日本方面的主張

②二島歸還
…齒舞、色丹二島

③以面積平分的方式歸還
…「平手」的解決方法

在 2018 年 11 月的日俄高峰會中，
雙方同意加速推動「二島歸還」的方針

⇓

是否也要在北方領土設立美軍基地，是問題所在

方式（P102）是「解決紛爭的模式」。

如果以「平手」收場，齒舞、色丹連北方領土的一成都不到，所以國後全土和擇捉也會併入交涉對象中。日本也曾提出「面積平分論」，不過普丁對此比較感興趣。

在這種情勢下，於二〇一八年十一月的日俄高峰會中，雙方同意以一九五六年的日蘇共同宣言為基礎，加速交涉進行。也就是回歸「二島歸還（齒舞、色丹）」的議題上。普丁承認一九五六年的宣言之有效性，似乎是想藉由二島歸還來締結和平條約。

問題在於以二島歸還解決紛爭後，**主權回到日本手中，該地將成為美日安保條約的對象**。換言之，有可能會在北方領土建造美軍基地。因此，普丁要求日本保證「就算交付北方領土，美軍也不能設立基地」。以日本的立場來看，這無疑是被戳中了要害。因為日本無法對美國說「唯有北方領土要排除在安保條約的對象之外」。

普丁舉沖繩為例，提到儘管當地居民和知事反對，沖繩的美軍基地仍強化建設，拋出了「難道日本沒有主權嗎」這個直指核心的問題。北方領土問題與其說是單純的日俄問題，不如說是日本與美國的問題。普丁的這項認知，無比準確地一箭射中了靶心。

第4章

中國的地緣政治學

從亞洲鎖定世界的霸權

沒能成為海權國家的大陸國家——中國

陸權的超級大國

中國是陸權國家。中國古代文明的誕生處並非在沿海，而是在黃河等大河的沿岸，也就是內陸。從內陸開始發展，就此成為陸權大國。

中國有很長的海岸線，似乎也能成為海權國家。但他們幾乎沒有來自海上的威脅，而在屢屢遭受內陸游牧民族的威逼下，中國成了陸權大國。游牧民族是陸權，所以**在磨練技術對抗陸權的過程中，自己也成了陸權國家，變得強盛。**

取得海權的蒙古

蒙古帝國於十三世紀統治中國全土。這是游牧民族蒙古人支配中國的漢民族，所建立的帝國。

蒙古帝國是游牧民族一手建立的帝國，所以當然成了陸權。不過，蒙古帝國也吸收了海權，目標是成為「陸權與海權兼備的帝國」。當初擁有這個構想的，是成吉思汗的孫子忽必烈。

忽必烈在推動統治中國的過程中，出兵攻打統治中國南半邊的南宋。南宋在長江的支流（漢水）布下強大的水軍迎擊。陸權國家的蒙古沒有海權的水軍，就此陷入苦戰，但藉由斷其軍糧補給，最後成功迫使南宋投降。此時投降的南宋水軍，就此加入蒙古軍。同一時期，蒙古也得到了朝鮮高麗的水軍。

就這樣，取得水軍的忽必烈嘗試進軍海洋。展開兩度的遠征日本（元寇，1274、1281）和遠征爪哇（1292）。但**倚靠異族海權的這項戰略，個個都失敗收場**。這兩場失敗造成中國的心理創傷，從那之後，中國王朝便對進軍海洋顯得態度消極。

鄭和下西洋是曇花一現的例外

接著，明朝取代蒙古帝國建立政權。明朝是中國史上第一次直接面臨來自海上的威脅。對方是**海權的倭寇**。

倭寇是日本海賊。是前來尋求自由貿易的海上商人，但真實身分是武裝集團。他們展開掠奪行為，在中國和朝鮮沿岸四處作亂。

想要與海權的倭寇對抗，就只能靠海權來趕跑他們。這對陸權國家中國來說，同時也是磨練海權的好機會。但明朝卻沒這麼做。

明朝採取的政策，是極為消極的海禁政策。禁止擅自與海外進行貿易，

陸權國家中國與海權的對抗

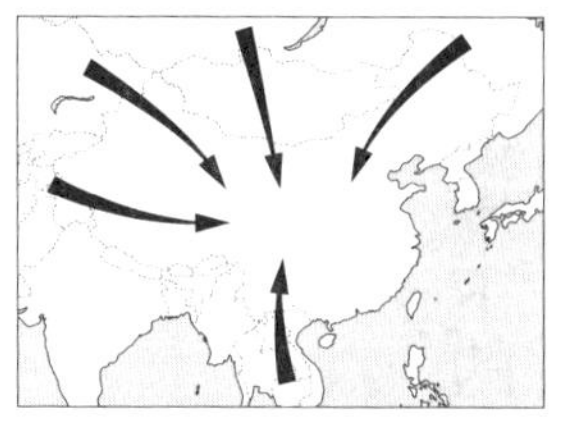

中國的敵人
一直都是來自內陸

成為陸權國家

與海權國家對抗

16 世紀：倭寇（日本）→ 落敗
19 世紀：英國等→ 半殖民地化
日本 → 落敗

為了一雪前恥，持續抱有進軍海洋的野心

禁止渡洋出國，甚至還禁止靠近海岸線。如此一來，與海岸線的一定距離內，都會空無一人。

明代的海權有個例外，那就是十五世紀初的**鄭和下西洋**。由色目人（回教徒）出身的宦官鄭和擔任司令官的數百艘大艦隊，從東南亞到印度，甚至遠征來到阿拉伯半島和東非。

此行的目的，研判是催促造訪的各國朝貢（向中國皇帝進貢），建構出以明朝為中心的國際關係。

鄭和的遠征，是陸權國家中

國第一次進軍海洋。但這是例外中的例外，在第三代的永樂帝在位期間便宣告結束。

永樂帝死後，艦隊就此解散。在王朝內部的鬥爭下，最後海權派被陸權派完全壓制。

敗在海權下的中國所受的屈辱

繼明朝之後，是清朝。清朝是滿洲人統治漢民族所建立的王朝。清朝將勢力從內陸擴展至沿岸，帶來中國的全盛時期。在這個時代，連新疆維吾爾自治區也一併征服。所謂的「新疆」，意思是納入中國的「新領土」。

在沿岸部分，清朝的勢力擴展至朝鮮、琉球、臺灣、越南等地。但除了臺灣之外，這些全是朝貢國，並非直接統治，與直接統治的內陸不同。就這層意義來看，清朝始終都還是陸權帝國。

清朝這樣的陸權國家，來到十九世紀後，**淪為海權國家英國等歐美列強的半殖民地，甚至在甲午戰爭中敗給海權小國日本，一步步走向毀滅。**

因為有這麼一段備受屈辱的歷史，中國才會改變想法，認為不該只著重陸權，也必須以海權國家的身分進軍海洋，現在正準備加以實踐。

朝「陸權＋海權」的改變方針

韓戰是美中的代理戰爭

戰後的中國，開始步上以陸權為基礎，同時兼具海權的大國之路。

中國原本一直是接受美國的援助，但自從在戰後的內戰中獲勝的共產黨建立一黨獨大的體制後，便將美國資本拒於門外。共產黨政權往蘇聯靠攏。附帶一提，在內戰中落敗的國民黨則是逃往臺灣。

從這時候起，陸權國家中國與海權國家美國展開了對立。此事因邊緣地帶的朝鮮半島引發韓戰（1950～1953）而浮上檯面（P218）。

第二次世界大戰後的朝鮮半島，以北緯38度線為分界，北邊由蘇聯占領，南邊為美國占領，北韓和南韓各自獨立。

但雙方為了南北統一而開戰，這便是韓戰。南韓的背後有美國當靠山，在朝鮮半島上一路揮軍北上。而以中國的立場來看，向來都將朝鮮半島視為自己的勢力範圍，所以中國援助北韓，與美國勢力對抗。**對中國而言，朝鮮半島的定位是對抗美國勢力的緩衝區（緩衝地帶）**。

實質成為中國與美國之間代理戰爭的這場戰爭，最後「停戰」，直至今日。

海權派 鄧小平登場

毛澤東時代的中國，一直是陸權國家。如同陸權的蘇聯共產黨推動史達林的個人崇拜一樣，同屬陸權的中國共產黨，也推動毛澤東的個人崇拜。

但史達林死後，蘇聯的後繼者赫魯雪夫主張與美國和平共存，展開

「批判史達林」（1956）。毛澤東擔心國內會引發「批判毛澤東」，因而譴責赫魯雪夫（中蘇論戰）。中蘇的關係從此惡化，甚至發展成國境紛爭（P101）。而同一時期，美國也因越戰而出兵。

北方有蘇聯，南方有美國。處在兩大國包夾的形勢下，中國面臨了地緣政治學危機。

尋求改革的劉少奇、鄧小平等人明白，再這樣下去不妙，因而將毛澤東拉下國家主席的位子，掌握政權。毛澤東發動文化大革命（為毛澤東樹立絕對形象的群眾政治運動，1967～1977），企圖捲土重來，但最後還是鄧小平獲勝。

鄧小平採取親近美國、對抗蘇聯威脅的戰略。他引進美、日的資本，重振經濟，推動改革開放政策。所以在這個時代，中國與日本、美國的關係大為改善。

這樣做就對了，鄧小平已開始放眼未來。他一面謀求重振經濟，一面增強軍備，想要進軍海洋。中國的海權戰略自鄧小平開始。

轉向海權路線的轉換期

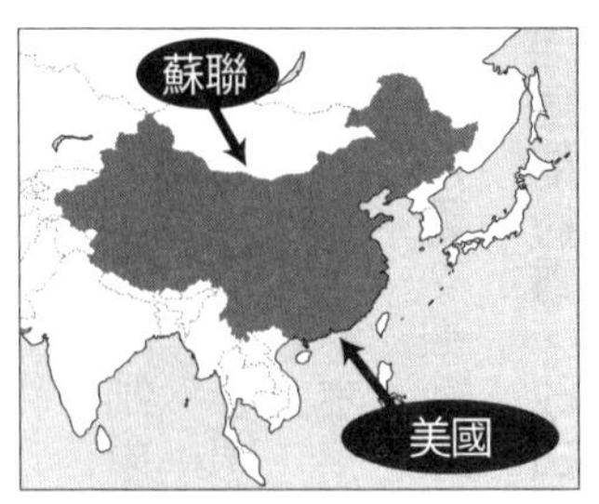

因中蘇論戰而與蘇聯關係惡化
＋
美國出兵越南
⇓

⇓
鄧小平改善與日美的關係，
並推動海權路線

鄧小平

提出「第一、第二島鏈」

目的是讓美軍從第一、第二島鏈撤離

鄧小平時代提出的海洋戰略概念，為**「第一島鏈」**和**「第二島鏈」**（P125）。

「第一島鏈」與「第二島鏈」，是因為防範蘇聯而想出的戰略。不過，自從蘇聯解體後，則改視此為「對美防衛線」，備受重視。

第一島鏈是沖繩到臺灣、菲律賓連成的一條線。第二島鏈則是從小笠原到關島、塞班島連成的一條線。

雖然這計畫來得慢了點，但他們計畫要在二〇一〇年前控制第一島鏈，在二〇二〇年前控制第二島鏈。

入侵釣魚臺列嶼領海、進出南海，都是基於第一島鏈計畫展開的行動。

不過，這始終都是「對美防衛線」，所以並非是要實際支配這整片海域。目的是要美軍撤離此地。**換句話說，中國希望在沖繩、關島、塞班島的美國海軍能撤離，改由中國海軍在此發展。**

二〇〇七年，據說中國海軍的幹部曾向美國提議「夏威夷以東由美國管理，以西由中國海軍管理」，這可看出中國朝海權發展的態度。

附帶一提，提出第一島鏈和第二島鏈計畫的人，是中國海軍的劉華清海軍司令。劉華清強調航母的必要性，結果終於在二〇一二年建造出**中國第一艘航母「遼寧號」**。遼寧號是從烏克蘭購買舊蘇聯製的航母加以改建而成。二〇一九年，第一艘國產的航母「山東號」開始服役，而第二艘國產航母預計於二〇二二年下水。「擁有遠洋艦隊是偉大的文明」，基於這樣的想法，中國賭上尊嚴，極力想增產航母。

中國也加快速度提升飛彈技術。二〇二一年八月進行能搭載核彈頭的極音速兵器發射實驗，震撼全球。這是能以低空飛行的高度，採複雜的軌道行進的飛彈，以美國現行的飛彈系統，恐怕會被突破。

從釣魚臺、沖繩鎖定南沙群島 中國的海洋戰略

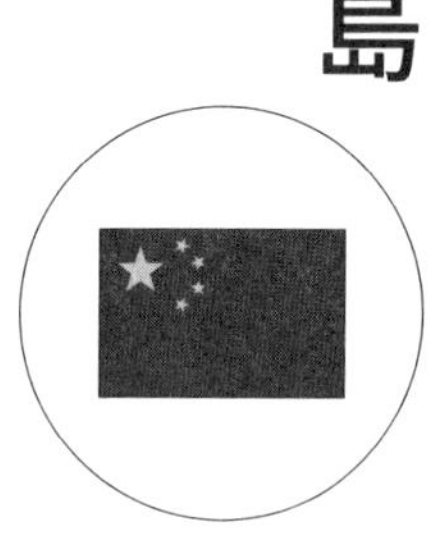

鎖定的目標為東海和南海

中國想建立「第一島鏈」和「第二島鏈」這兩條對美防衛線。在控制第一島鏈的現階段面臨的問題，是**東海與南海**。

我們來看看中國究竟想在這兩處海域上做什麼吧。

美軍撤出的菲律賓重蹈覆轍

首先是東海，中國會在這裡**搶奪釣魚臺列嶼和沖繩**。

中國的第一島鏈、第二島鏈

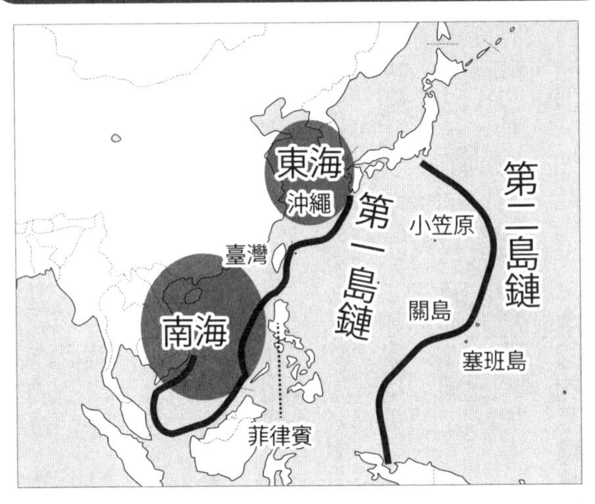

第一島鏈…沖繩、臺灣、菲律賓連成一線
第二島鏈…小笠原、關島、塞班島連成一線

中國從一九七一年起，開始主張他們對釣魚臺列嶼的主權。一九七八年，約一百四十艘裝備著機槍的漁船在釣魚臺列嶼周邊集結，當中約有十艘入侵領海。

當時鄧小平說「我們的下一代，或是再下一代，應該能找出解決方法」，**將這個問題擱置，以中日友好為優先。**因為當時的中國為了經濟發展，極需日本的資本。不過，等到經濟發展後，中國打算以對自己有利的條件來解決這個問題。

近年來，在經濟和軍事上都變得強大的中國，開始認真奪取釣魚臺列嶼。頻頻送漁船到釣魚臺列嶼周邊，想瓦解日本的實際支配。

中國在東海鎖定的另一個目標，是沖繩。現今沖繩因邊野古新基地建設的問題，對美軍基地的反彈愈來愈強烈。在二〇一八年的縣知事選舉中，繼承已故沖繩縣知事翁長遺志的玉城當選，阻止建設新基地的民意愈來愈強。

附帶一提，翁長主張「沖繩的自我決定權」。主張中提到，關於外交和防衛，都是由國家判斷，所以關於基地，也都是由國家決定，但這方面要能夠反映沖繩居民的意見。如果這項主張無法通過，那就能主張獨立，這是其背後的想法。無法否認有沖繩獨立的可能性。

在此以地緣政治學的層面來思考，如果沖繩獨立會變怎樣？美軍和自衛隊都會撤退。如此一來，**中國的軍隊將會前來，轉眼便加以支配**。

此事有先例。

菲律賓曾設置美軍基地。但在柯拉蓉總統在位時，因為引發大規模的反美運動，所以美軍於一九九二年撤退。菲律賓國民無比開心，但過沒多久，自稱是中國漁船的民兵便湧入南沙群島，轉眼便建造了基地（P237）。

因此，要是美軍從沖繩撤軍，恐怕又會上演同樣的情形。

想當作領海，派出核子動力潛艇

接著來看南海。中國進出南海，是從一九七九年的中越戰爭開始。越南攻打柬埔寨，中國對越南展開攻擊，這便是中越戰爭。當時剛打完越戰的越軍，展開拿手的游擊戰，中國軍無功而返。但之後在中越邊境衝突（1984）和南沙群島的戰役（1988）中，中國全都獲勝，就此實際支配南沙群島。

之後中國在南海的活動變得熱絡，頻頻與越南和菲律賓展開爭奪。並在南沙群島建造人工島，構築像軍事據點的設施。

如今的中國極為重視南海的主權，這也是因為他們想讓核子動力潛艇自由地在這處海域航行。

現今軍事上最強的武器之一，便是**核子動力潛艇**。因為**海中的核子動力潛艇，就連軍事衛星也無法掌握其行蹤**。不必擔心燃料和氧氣，能持續在水中潛行數個月之久。

中國的戰略核子動力潛艇基地位於海南島。中國想在核子動力潛艇上搭載核子飛彈 SLBM（潛艇彈道飛彈），在南海航行。SLBM 的射程距離據稱長達一萬公里，可遠抵美國西海岸。南海是公海，美國 P—3C 海上巡邏機都會在空中監視，可一旦南海成為中國的領海，美軍便無法靠近這座海域。

換句話說，**中國如果能讓南海成為領海，讓搭載 SLBM 的核子動力潛艇在此航行，便擁有對美國展開核武攻擊的能力**。如此一來，中國與美國的權力平衡便可達到對等。

此外，如果南海成為中國的領海，**日本的海上運輸線會被截斷**。日本以這條海上運輸線充當中東的原油輸送路線，中國可加以阻撓。基於這樣的戰略，中國開始主張在南海群島的主權。

話說回來，中國之所以如此積極地進出海洋，也是因為少了俄羅斯的威脅，而且在歐巴馬時代，美國的存在感低落。

川普政權頻頻實施「航行自由行動」，牽制中國。這項作戰是派遣船艦到南海，想取回軍事優勢，英國和法國也一同參與。二〇二一年底新政權成立的德國，也加入這個行列，歐美各國對中國形成的包圍網愈來愈強大。

緣海的轉運點
渴望得到臺灣的中國

是要與中國統一，還是臺灣獨立

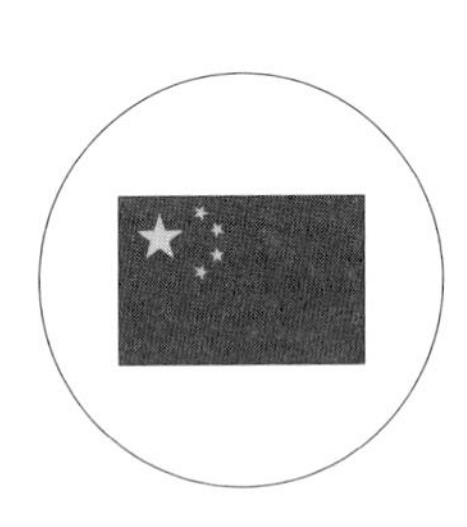

如今「臺海危機」的現實感愈來愈濃。為何中國會鎖定臺灣呢？

若以歷史的觀點來看，現今的臺灣是由中國內戰落敗的國民黨建立。

清朝末期，在辛亥革命（1911）下建立了中華民國，但緊接著國民黨與共產黨展開內戰。蔣介石領導的國民黨是美國和英國支持的海權派，而毛澤東領導的共產黨則是蘇聯支持的陸權派。戰後，在內戰中勝出的共產黨建立中華人民共和國，而落敗的國民黨則是將中華民國政府遷至臺灣。

美國支持臺灣的中華民國，不承認中華人民共和國。聯合國的代表權也是歸臺灣所有。但從一九七一年起，尼克森政權想改善與中國的關係，所以**聯合國代表權轉至中國（中華人民共和國）手中，臺灣被趕出聯合國**。美國從一九七九年起與臺灣斷交。臺灣不受國際承認是個國家，一直處在這種狀態下。

之後臺灣一直在「與中國統一」還是「臺灣獨立」之間搖擺不定。現今的總統蔡英文則是走獨立路線。

抵擋海權國家中國的防波堤

若試著以地緣政治學的觀點來看臺灣，會發現它位於東海與南海這**兩座緣海的轉運點上**。臺灣有許多高低起伏的地形，正中央有日本殖民地時代號稱日本第一高山的玉山（新高山）。如果利用這樣的地形設置雷達和飛彈發射器，就能以軍事手段將南海納為囊中物。因此中國對臺灣勢在必得。

被兩座緣海包夾的臺灣

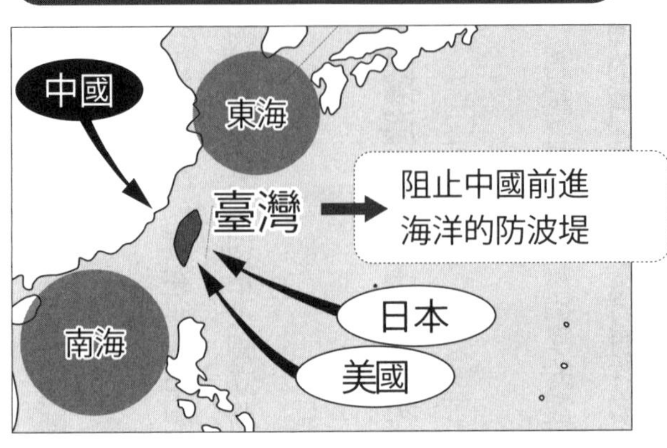

⇒需要同樣是海權國家的日美支援

相反的，若站在日本和美國的立場來看，臺灣能成為阻止中國前進海洋的「防波堤」。

那麼，臺灣的防衛戰略又是採取何種思維呢？

臺灣與英國和日本一樣，是海權的島國。**像這種島國要獨自防守相當困難，需要有從背後進行補給的腹地**。日本和美國必須成為臺灣的腹地，提供援助。由於中國擁有核武，所以美國的存在更是不可或缺。

美國雖與臺灣斷交，但實際上一直在強化對臺灣的援助體制。

話說回來，一九七九年美國與中

國建交，與臺灣斷交，也是因為有鄧小平承諾「我尊重臺灣實質上的獨立，不會以武力攻打」。因此，中國主張「一個中國」，是違背當初的承諾。

美國打出防衛臺灣的手段，於一九七九年成立「臺灣關係法」。內容是將臺灣視同國家看待，為了防衛臺灣，可提供武器等援助，如果臺灣想獨立，也能出手相助。

二〇一八年三月，川普政權成立「臺灣旅行法」。政府高官之間互相訪問。

據說臺灣軍隊與美軍早已相互合作，有少數美軍留駐臺灣。二〇二一年十月，蔡英文**首次承認美軍對臺灣軍隊的訓練提供援助，以此牽制中國。**

中國的軍事壓力日漸高漲。其中一個腳本，是二〇二二年北京冬奧結束後，與俄羅斯入侵烏克蘭一起行動，中國也攻打臺灣，而入侵烏克蘭一事確實發生了。有人指出，中國看美國對俄羅斯的對應方式如此軟弱，很可能會拿定主意攻打臺灣。如此一來，美國被迫面對中俄的「兩線作戰」，也會對美日的安全保障帶來嚴重的影響。

不過，俄羅斯承認烏克蘭親俄派地區的獨立，對主張「一個中國」，不承認臺灣獨立的中國而言，是完全相反的問題。中國沒支持俄羅斯的行動，這點也值得注意。

一國兩制，和平統一

中國也有「一國兩制，和平統一」的想法。「一國兩制」是對香港和澳門使用過的戰略。

中國在九〇年代取回兩個地區。一個是英國殖民地香港，另一個是葡萄牙殖民地澳門。

中國對香港和澳門採取「一國兩制」原則。也就是說，**香港和澳門雖然屬於中國**（一國），但從殖民地歸還的五十年間，不會引進中國的社會主義制度，**仍可維持資本主義制度和生活方式，承認其「高度自治」**（兩制）。

這「一國兩制」原本是考量到統一臺灣而想出的制度。出現在一九八四年鄧小平政權的時代。因為要用武力統一臺灣有其能力極限，所以才想出這套維持當地制度，慢慢達成統一的戰略。

「一國兩制」最先是用在香港和澳門。但香港的實際狀況稱不上「高度自治」，只能算是「有限制下的自治」。除了有中國的政治介入外，也有中國人民解放軍和中國公安部的部隊在駐守。香港市民努力提出民主化和自治的訴求（二〇一四年的「雨傘革命」），但不論是在政治上還是經濟上，香港都急速地納入中國的支配下。

二〇二〇年**施行香港國安法，言論和集會自由大幅受限**。唯一僅存批判中國的媒體《蘋果日報》遭停止發行，便是其象徵。就結局來看，「一國兩制」成了「一個中國」的入口。

習近平在二〇一九年初的演說中提到「一國兩制統一臺灣」。這是想讓臺灣和香港一樣，以「一國兩制」逐步使其中國化的戰略。蔡英文則是主張「絕不接受一國兩制」，強烈表現出反抗的態度。

鎖定支配歐亞「一帶一路」走進死胡同

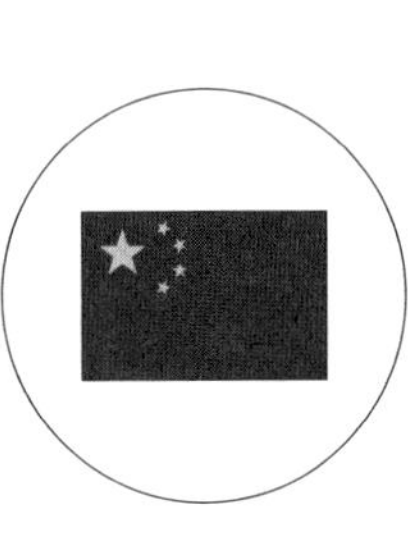

➤中國推出的AIIB與一帶一路

中國於二〇〇六年外匯存底額超越日本，成為世界第一，二〇〇九年，出口額躍居世界第一。

中國以此豐厚的金融資產當武器，想取得世界霸權，他們採取的戰略是「投資」，其具體策略便是**「AIIB（亞洲基礎設施投資銀行）」**和**「一帶一路」**。

以一帶一路鎖定心臟地帶

亞洲基礎設施投資銀行（AIIB）於二〇一五年十二月設立。

AIIB 是以亞洲的開發中國家為對象所設立的投資機構。同樣的機構，還有日美主導的亞洲開發銀行（ADB）和美國主導的世界銀行，不過 AIIB 與這些機構不同之處，在於他們**不問環境或人權方面的問題，一概提供貸款**。對開發中國家而言，很容易取得融資，所以覺得很放心。

結果不光開發中國家和俄羅斯，許多歐洲國家也相繼決定加入 AIIB。G7 當中沒加盟 AIIB 的，就只有日本和美國。

不過，AIIB 存在著一個問題，那就是與中國有很強的利害關係。它的總部設在中國，總裁也是中國人，只有出資占三成的中國擁有拒絕權。作為國際機構能否公正地營運，令人質疑。

而另一方面，「一帶一路」（新絲路政策）是習近平政權於二〇一三年打出的戰略。「一帶一路」就像古代的絲路一樣，**以陸路（一帶）和海**

路（一路）來連結中國與歐洲，在歐亞大陸上構築巨大的經濟圈。具體向亞洲各國推銷基礎設施事業，不過就中國方面來看，他們同時也是想將國內生產過剩的鐵鋼和煤當作資材出口。

「一帶一路」也可清楚地看出中國在地緣政治學上的野心。可以想見，控制歐亞大陸中央心臟地帶者，便可控制歐亞大陸，凌駕在美國之上。中國想必是注意到了這個理論。**中國想向歐亞大陸引介基礎設施事業，構築以中國為中心的巨大經濟圈，並以此挑戰美國的霸權。**這便是「一帶一路」描繪出的真正腳本。

事實上，中國對相當於心臟地帶的東歐表現出強烈的關心，從二〇一二年起，每年都舉辦中國和中東歐各國領導人峰會（17＋1）。在峰會中，中國推銷高速鐵路、港灣、物流中心等基礎設施事業，作為一帶一路的計畫。中國投注大量資金和人力，頻頻進出東歐。

想以「一帶一路」支配歐亞的中國

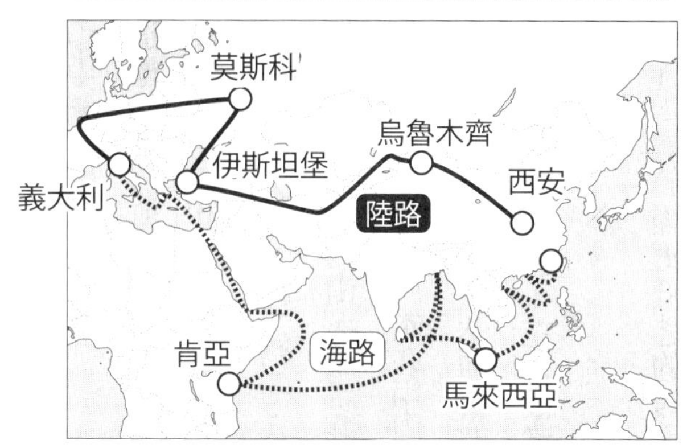

控制心臟地帶和海上運輸線的巨大經濟圈

各國視為「債務陷阱」，強烈反彈，逐漸走入死胡同

控制重要據點的戰略

一帶一路也在許多地方引發衝突。這也是因為各國產生「中國做的這一切，該不會是假借支援開發中國家之名，展開支配戰略吧」這樣的懷疑。

中國所做的事，是讓交易的國家落入債務陷阱，無力抵抗，以控制港灣和鐵路等戰略的重要據點。

事實上，斯里蘭卡於二〇一七年向中國融資建設的漢班托塔港，已被中國奪走。

由於借款償還延遲，所以往後九十九年的港口使用權租借給中國。這座港口是圍困印度的「珍珠鏈」（P243）戰略中的海上運輸線據點，可說是完全正中中國下懷。

這樣的案例愈來愈多，各國開始對一帶一路的**「債務陷阱」**抱持戒心。

馬來西亞與中國一同推動橫越馬來半島的東海岸鐵路等基礎設施，價格高達二百億美元。但二〇一八年五月，在大選中奪回政權的馬哈迪首相，以這樣會擴大債務為由，重新評估這項計畫，逼中國縮小事業規模。

而在巴基斯坦，原本在中巴經濟走廊（CPEC）的建設上與中國達成協議，但後來因龐大的成本與嚴苛的融資條件，要求重新評估計畫。此外還拒絕水壩建設的貸款，在修改鐵路路線工程方面，也要求對過高的成本進行重新評估。

此外，處於經濟低迷的義大利，預期會帶來巨額投資，二〇一九年在G7中率先於一帶一路的備忘錄上蓋章，但二〇二一年，總理德拉吉對「債務陷阱」起了戒心，表明要重新評估。

中國包圍網的形成

現今的中國共產黨為了國家體制的發展和維護，在國內外展現強硬的態度。從一帶一路的「債務陷阱」開始，還包括了對新疆維吾爾族、西藏、內蒙等少數民族的打壓、破壞香港的一國兩制，以及對臺灣造成的壓力等。

面對這樣的中國，**逐漸形成國際的包圍網**。

例如新疆維吾爾自治區的人權打壓，二〇二一年一月，美國的國務卿龐佩奧（當時）認定這是「Genocide（種族滅絕）」。加拿大、荷蘭、英國、法國的國會也陸續「認定是種族滅絕」。向來都很重視人權問題的美國和英國，公開表明要對二〇二二年的北京冬奧展開外交杯葛。

而在拜登政權對中國採取的戰略方面，「四方安全對話」「AUKUS」也就此成形（P75）。

就像這樣，在各種層級上，外國合作持續對中國傳達訊息，變得愈來愈重要。

與北極圈開發有關的爭奪就此展開

中國積極投資資源開發

西伯利亞北岸的北極圈，昔日被厚厚的冰層冰封，但在全球暖化的影響下，現在已全年都能通行來往。以前曾是「被遺忘之地」的北極圈，現在搖身一變，成了逐漸受到矚目的經濟活動對象。

在北極圈的開發方面，一直是由沿岸國家的俄羅斯、美國、加拿大、挪威、丹麥領先，但這幾年亞洲的中國也逐漸積極參與。

北極圈的經濟魅力之一，就是**資源**。

北極圈有豐富的天然資源，據說蘊含了「全球尚未開發，而且能開採的天然氣總量之30%，以及石油資源總量之13%」。

在這場開發中，存在感大增的是中國。舉例來說，二〇一七年底才開始開發的俄羅斯北部液化天然氣（LNG）工廠，相關設施有七成以上都是中國製造，投資額有三成來自中國。二〇一八年一月，中國第一次發表北極政策白皮書「冰上絲路」。**這是將「一帶一路」擴展至北極圈，積極參與的方針**。中國已在二〇一三年於上海設立「中國北歐北極研究中心」，與冰島、丹麥、瑞典、挪威、芬蘭合作，推動資源開發政策的立案。

中國尤其注目的，是北極圈裡的格陵蘭。格陵蘭是丹麥的領土，但設有自治政府。中國除了對長眠在這片廣大國土上的稀土和鈾等**天然資源的開發進行投資外，在機場等基礎設施的建造事業上，也持續加深雙方的合作關係**。就格陵蘭的立場來看，他們希望能接受中國的投資，謀求在經濟上能夠自立，然後尋求獨立。

但中國在格陵蘭獲得機場等戰略據點後，恐怕會就此點燃地緣政治學上的火種。美國將格陵蘭視為安全保障上的重要地區，在此設立空軍基地。

今後在這個地區，兩國之間的緊張關係可能會不斷提高。

開拓新的貿易路線

北極圈的另一項魅力，是**北冰洋航線**。

北冰洋航線有行經俄羅斯沿岸的「北方海路」，與行經北阿拉斯加和加拿大沿岸的「西北航道」。通過群島海域的西北航道少有人用，幾乎都是以北方海路為主。因此在提到「北冰洋航線」時，基本上指的都是北方海路。

從白令海峽進入北冰洋，行經俄羅斯沿岸的北冰洋航線，如果以日本到歐洲來考量，**會比行經蘇伊士運河的既有路線縮短三分之一的距離**。不光如此，還能避開經常有海盜侵擾的蘇伊士運河航線，有**提升安全性**的優點。

蘇伊士運河有個弱點，那就是地處交通要衝（咽喉點）。二〇二一年三月，因為有艘大型貨櫃船擱淺，造成船舶大阻塞。作為沒這種風險的替代路

在地緣政治學上意義重大的北極圈

北冰洋航線

比既有航線
更能縮短距離

⇓

通過北極點附近
的路線沒人監視，
在戰略面上相當有利

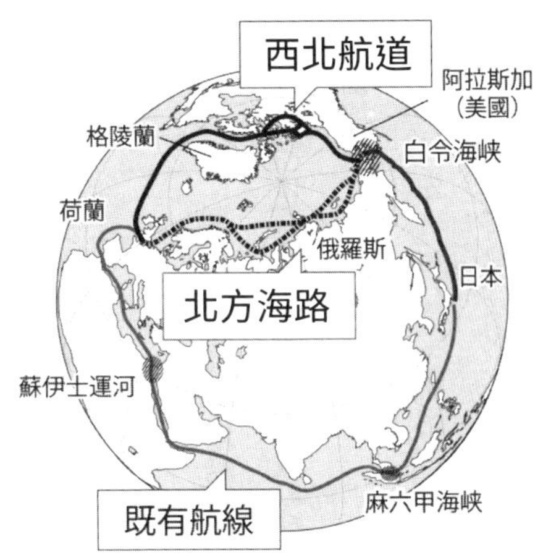

線，北冰洋航線重新受到矚目。

俄羅斯很積極推銷北冰洋航線。要利用這條航線，基於安全層面的問題，有義務由能夠擊破海冰的破冰船同行，俄羅斯會派破冰船隨行，並收取高額的手續費，這是他們想出的機制。說起來，算是俄羅斯的海上收費道路。後來使用次數增加，二〇一九年時，運送了三千一百五十萬噸的貨物，相當於二〇一五年的六倍之多。

中國以「冰上絲路」的構想，將北冰洋想成戰略性的海上運輸線，積極地活用這條航線。二〇一七年，使用北冰洋航線的外國船籍中，約有兩成是中國籍的船舶。

中國的石油和天然氣的進口，都倚賴波斯灣和非洲，不過在運送時，都勢必得經過有美國海軍監視的據點。**對中國而言，會很希望能打造一條沒有美國海軍存在的貿易路線。**

以長期來看，有可能產生另一條路線。那就是經北極點附近的**「橫越極地航線」**。北極的冰層融化後，每年會有幾個月的時間可以橫越極地，能更加縮短時間，減少燃料費。而這條路線在俄羅斯的管轄之外，所以對中國大有好處。

不管怎樣，**能控制北冰洋航線的國家，就能有利地推動今後的國際戰略**。中國抱持這樣的遠景，想以投資北極圈來謀求能源的多樣化，確保其獨有的貿易路線。

二〇一八年九月，中國第一艘國產的破冰船下水。想正式在極地展開獲取資源的活動。有部分人士已喊出「中國北極威脅論」。日本雖然行動較慢，但對於在地緣政治學上已開始具有其意義的北極圈，也是時候該加以關注了。

第5章

歐洲的地緣政治學

在「地區」與「全世界」間搖擺

歐盟誕生！為什麼歐洲會合而為一？

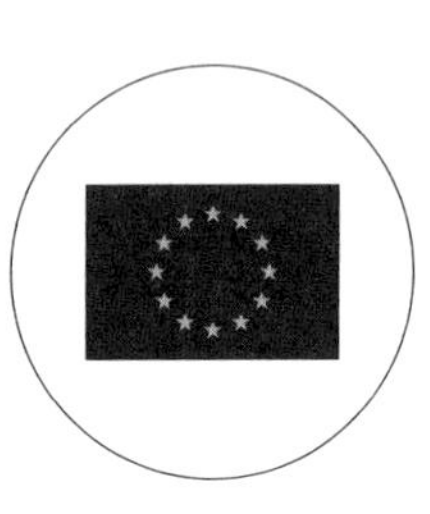

問題堆積如山的歐盟

歐洲以歐盟（EU）的形式團結在一起，不過最近歐盟傳出的都不是什麼好消息。從歐債危機，到大量中東難民湧入、各地恐怖攻擊頻傳、英國脫歐、南北差距等，面臨許多問題。

本章會以地緣政治學的觀點，來逐一細看各個問題，首先就先來理解歐盟誕生前的歐洲整體地緣政治學的背景吧。

歐洲是巨大的半島？

歐洲相當於一座巨大的半島。這話怎麼說呢？如果將歐亞大陸與非洲大陸看作一座大島（世界島），則往西側挺出的半島便是歐洲。麥金德就是這樣的構想。

半島臨海這一側容易防守，但**與大陸的銜接處則相當於阿基里斯腱**。只要這地方被人支配，就容易遭到入侵。

歐洲半島的銜接處是**東歐**。波羅的海三國（立陶宛、拉脫維亞、愛沙尼亞）、白俄羅斯、烏克蘭，位於歐洲半島與大陸的交界上。這裡對歐洲來說，算是「緩衝區（緩衝地帶）」（P33），這裡若被外敵奪下，就會面臨危機。

事實上，歷史上的歐洲危機和混亂，大多是容許敵人入侵這處緩衝區所造成。五世紀時，匈人入侵，羅馬帝國崩毀。十三世紀時，蒙古軍入侵，在烏克蘭到白俄羅斯、俄羅斯一帶建立欽察汗國，成為歐洲的威脅。自十四世

歐洲成立歐盟之前

包夾東歐的緩衝區，與大國俄國對峙

↓

在歐洲建立一個足以與大國對抗的巨大經濟圈

紀以後，鄂圖曼帝國從東南方入侵，以巴爾幹半島支配匈牙利，甚至遠達維也納。

進入近代後，脫離蒙古支配的俄國擴張其勢力，對歐洲造成威脅。十九世紀初，俄國擊退拿破崙軍的入侵，就此與英國展開大博弈（P37）。

從此之後，歐洲與俄國便透過東歐的緩衝區展開對立，基本上這樣的構圖一直到現代都沒改變。

摸索第三勢力之路

戰後的冷戰期，是由美國與蘇聯這兩個超大國展開大博弈，而夾在兩國中間，**基於「在歐洲建立一個對抗這兩大國的第三經濟圈」的構想，現今的歐盟就此誕生。**

首先，一九五二年建立了「ECSC（歐洲煤鋼共同體）」。ECSC的成員，有法國、西德、義大利、荷比盧三國（荷蘭、比利時、盧森堡）等六國。ECSC是以法國外相舒曼提出的「舒曼計畫」為基礎，當中充滿了祈求德法融合的願望。德國與法國經歷過普法戰爭、第一次世界大戰、第二次世界大戰，三個世代都兵戎相見，所以他們決定要**共同管理會造成戰爭火種的資源（煤、鋼鐵），並誓言「不再引發戰爭」**。

從舒曼計畫又進而建立了以共同開發核能為目的的「歐洲原子能共同體（EURATOM，1958）」，以及目標是經濟整合的「歐洲經濟共同體（EEC，1958）」。成員同樣是前面那六國。而由以上提到的ECSC、EURATOM、EEC這三個組織整合而成的，正是歐洲共同體（EC）。於一九六七年誕生。

一九七三年，英國、愛爾蘭、丹麥加入的EC，稱作「擴大EC」。之後，一九八一年希臘加入、一九八六年西班牙、葡萄牙等南歐各國加入，歐盟的原型就此完備。

歐洲就這樣建立了經濟圈，同時使用以美國為主的NATO（北大西洋公約組織）框架，構築對蘇防衛網，在經濟與軍事兩方面與蘇聯對抗。

冷戰終結，吸收東歐各國

一九九三年，歐盟正式成立。

歐盟在這個時期成立，有其原因。一九八九年柏林圍牆倒塌，東西德統一，歐洲誕生了一個強國，所以**法國等歐洲國家感到著急，為了拉德國成為夥伴，急著促成歐洲統一**。

那麼，歐盟又是個怎樣的組織呢？簡言之，是「人、物、金錢，都能自由流通的共同體」。引進共同貨幣歐元，不必審查護照，就能在區域內自由來去。此外還擁有共同外交和安全保障政策。

歐盟是以歐洲共同體的十二國展開（所以歐盟的旗幟上有十二顆星星），現在已擴大至二十七國（二〇二〇年一月，英國脫歐）。如此急速擴大的背後，是因為冷戰結束。位於緩衝區的東歐各國，原本是在舊蘇聯的共產圈下，但後來因冷戰結束而民主化，加入西側的自由經濟圈。歐盟看準俄羅斯勢力減弱，以吸收緩衝區的方式東擴。不過，俄羅斯打算將他們往回推，這就是目前的狀況。

海權的教科書
海洋國家英國強盛的祕密

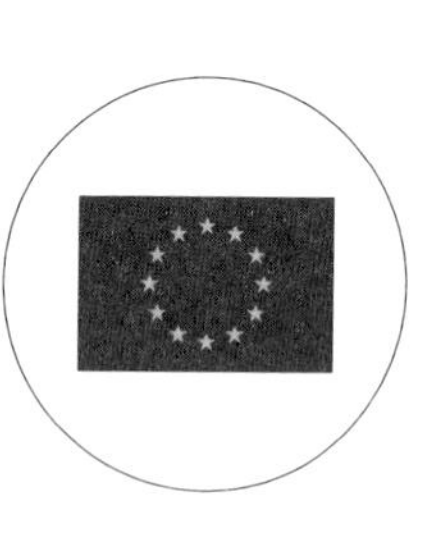

權力平衡的傳統

英國是位於歐洲半島西邊的島國，是海權代表國家。

如同我前面所介紹，英國對歐洲大陸採取的戰略是「權力平衡（均勢）」（P30）。**這套戰略是讓歐洲大陸內的各國國力相互抗衡，只在有強國出現時才加以打壓。**基本上，英國都是用這套戰略來防止來自大陸的侵略。唯一一次遭受侵略，是從北方經法國前來的諾曼人。

十一世紀時，英國被身為諾曼人的威廉一世征服（諾曼征服，1066）。

附帶一提，據說這時的征服者諾曼人與被征服的民族盎格魯．撒克遜人之間的對立，正是造就英國近代議會政治的主因。

與蘇聯的結盟失敗？

英國四面環海，能以較少的兵力固守，所以才能將餘力投注在獲取殖民地上。而藉由在殖民地獲取大量原料，促成了工業革命。十八至十九世紀，英國建造了世界級的大帝國。

英國控制了「世界島（歐亞＋非洲）」的邊緣地帶和緣海，而與他們對抗的，正是擁有心臟地帶的俄國。兩國就此展開「大博弈」（P37）。

英國冷靜分析後，明白自己無法打敗擁有心臟地帶的俄國，因而採取封鎖戰略，防止其勢力擴大。

在第二次世界大戰中，德國展現出從東歐攻打蘇聯的動向，所以英國遵照麥金德的方針（控制東歐者，便控制心臟地帶。而控制心臟地帶者，便控制世界），與蘇聯結盟，一同壓制德國（P37）。

但換個不同的看法，也有人分析這是一項失敗的戰略。**如果遵照權力平衡的原則，要先讓蘇聯與德國鬥得兩敗俱傷，之後再攻打贏的一方，這才是正確的戰略。**

對英國來說，為什麼這是一套失敗的戰略呢？因為這導致第二次世界大戰的戰情擴大，改為與日本為敵。因為日本而被迫解放所有在亞洲的殖民地，更進一步發展成非洲各國獨立，最後失去所有殖民地。

➤ 是要「歐盟」，還是「光榮孤立」？

戰後的英國一直在摸索與歐洲大陸的相處之道。

基本上是秉持權力平衡，採取從海外保持距離觀察的立場。走的是不與歐洲大路有瓜葛的「光榮孤立」路線。

不過，歐洲內部相互衝突的時代結束，歐洲想要團結凝聚。英國再也無法只是置身事外加以觀察。

歐洲共同體成立時，英國本想加入，但在主張反美反英的法國戴高樂總統反對下，無法加入。英國就此與歐洲共同體對抗，於一九六〇年成立「歐洲自由貿易聯盟（EFTA）」，但在歐洲共同體的打壓下，推展得並不順利。最後，在戴高樂的影響力減弱的一九七三年，英國退出EFTA，加入歐洲共同體。

不過，這時英國國內已傳出「應該做出和歐洲大陸各國不同的選擇」這樣的**反對加盟論**。一九七五年，工黨的威爾遜政權對加入歐洲共同體一事展開公投，投票結果是「繼續加盟」。

英國也加入歐盟。但國內一樣有反對派，提出批判「德國和法國重視以所得重新分配來保護弱者，要是配合他們，經濟將會停滯」。對於共同貨幣歐元，由於英國的貨幣英鎊是強勢貨幣，所以英國不參加。

戰後的英國與歐盟

勞工問題

歐洲合而為一

↓

2020年1月底 **成為第一個「脫歐國」**

原本因為歐盟擴大而呈現良性循環時，一切都還很美好，但**後來陸續冒出歐債危機和移民湧入等各種問題。歐債危機**是因為二〇〇九年希臘爆出財政赤字的問題，因而引發金融危機。後來得知葡萄牙、義大利、西班牙等國（PIIGS各國）也有像希臘這樣的財政赤字，要是當中有某個國家違約（不履行債務），則購買該國國債的各國大型銀行將接連破產，引發危機。歐盟開出嚴格的「緊縮財政」，以此為條件，提供希臘援助。但對於這項措施，以英國為首的歐盟各國認為「不准將我國的稅金用在別國」，不滿的聲浪高漲。

此外，自二〇〇四年起加入歐盟的東歐各國（波蘭、羅馬尼亞等），帶來了大量移民，這也形成嚴重的問題。低薪的職務都被移民搶走，而支付給移民的福利使得財政窘困。這對英國人潛在的「反歐盟」情感，無疑是火上澆油。

這造就了二〇一六年六月二十三日的脫歐公投。結果贊成脫歐派占52％，反對派占48％，脫歐派獲勝。雖然公投沒有「法律約束力」，但就任新首相的德蕾莎·梅伊，還是於二〇一七年三月二十九日正式公告脫離歐盟。首相梅伊與歐盟交涉後，達成脫歐協議（Brexit），但英國議會三度加以否決。不過，後來成為新首相的脫歐強硬派鮑里斯·強森，他讓議會承認脫歐協議案，**於二〇二〇年一月底正式脫歐**。

脫歐後的英國 獨立問題重燃與新國際戰略

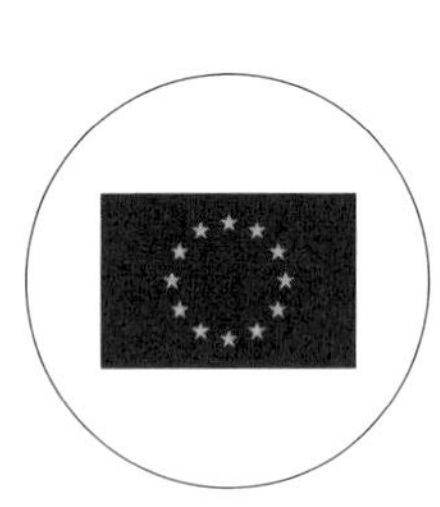

以四個地區構成的英國

我們來看看脫歐後的英國，其國內外的地緣政治學問題和情勢發展吧。

首先是英國的基本資訊。

英國的正式名稱為「大不列顛暨北愛爾蘭聯合王國」。英國人居住的島稱作「大不列顛島」，所以才有這個名稱。大不列顛島上有「英格蘭人（盎格魯・撒克遜人）的英格蘭」「威爾斯人的威爾斯」「蘇格蘭人的蘇格蘭」這三個地區。再加上「愛爾蘭人的愛爾蘭島北部」，合計四個地區，構成現今的英國。每個地區的權限範圍各自不同，但都有各自的議會。

這四個地區當中，目前引發問題的是蘇格蘭和北愛爾蘭。

蘇格蘭獨立有可能成真？

蘇格蘭是在克倫威爾的征服之戰後，於一七〇七年被英國併吞。併吞後已過三百多年，但現在蘇格蘭獨立的機會愈來愈高。原因是一九七〇年代開始挖採北海油田獲得的利益，幾乎都沒歸還給當地的蘇格蘭，以及與英格蘭之間的經濟落差愈來愈大。

就像這樣，被國家吸收前的地區想追求獨立的動向，稱作**「區域主義」**，像西班牙的巴塞隆納等，歐洲各地也都能看到這種動向。

二〇一四年九月，蘇格蘭實施獨立公投，結果以些微的差距，獨立案遭到否決。但獨立的機會相當高。

倘若蘇格蘭獨立，目標將會是加入歐盟。想要加入歐盟，只要有一個加盟國反對，就無法如願，但有可能反對的英國已經脫歐。**蘇格蘭獨立，同時加入歐盟的這條路已可以預見，支持獨立者會因此增加。**

二〇二一年五月的蘇格蘭議會選舉，獨立派占的席次過半。實施公投的動向正在加快腳步。

南北愛爾蘭的統一動向

愛爾蘭是一六四九年被克倫威爾征服。愛爾蘭原本有許多天主教徒，但自從被征服後，來自英國的基督新教移民增加，造成兩者間的對立。天主教徒發起尋求愛爾蘭獨立的運動，結果於一九二二年成了愛爾蘭自由邦。但這時候，以基督新教徒居多的北愛爾蘭與其分離，仍歸屬英國。

之後，北愛爾蘭中少數的天主教徒為了尋求與愛爾蘭合併而引發武裝抗爭。這就是「愛爾蘭共和軍（IRA）」。在七〇至八〇年代，展開激烈的

英國脫歐伴隨著地區問題

區域主義

被現在的國家吸收前的「地區」，謀求獨立的動向

蘇格蘭	愛爾蘭
對英國的不滿 和親歐盟的立場 ➡ 目標是加入歐盟， 加快獨立的動向	北愛爾蘭和大不列顛島 的物流停滯 ➡ 必須重新評估通關

恐怖活動。最後終於在一九九八年簽訂了和平協議。

而在英國的脫歐交涉上，英國與愛爾蘭的國境成了爭論的問題。

之前一直是一同加入歐盟單一市場和關稅同盟的北愛爾蘭和愛爾蘭之間的國境，為了防止紛爭再起，愈來愈重視「開放的國境」。**如果在國境設置像檢查站或關口這種採物理性方式分隔兩地的做法，恐怕會再次造成情勢動盪**。不過，如果只有北愛爾蘭留在歐盟的關稅同盟內，就很可能會有促使北愛爾蘭脫離英國，以及「南北愛爾蘭統一」的危險。

首相強森做出的結論是「雖然英國已完全脫離歐盟的關稅同盟，但還是讓北愛爾蘭留下，維持開放的國境」。這便是當初脫歐協議時締結的「北愛爾蘭協議」主軸。

根據協議，通關手續不是在愛爾蘭與北愛爾蘭之間辦理，而是在北愛爾蘭與大不列顛島之間辦理。但試著實際進行後發現，**繁雜的手續造成阻礙，引發從大不列顛島到北愛爾蘭的物流停滯的問題**。而在北愛爾蘭，重視與英國之間一體性的居民，不滿的聲浪也因此高漲。

目前亟需盡快對協議進行重新評估。

全球不列顛構想

最後，我們也來看看英國的國際戰略。

脫歐後的英國提出的是「全球不列顛」構想。這**指的是不受歐盟的規則**

束縛，要積極地活躍於世界的舞臺，可說是想重拾大英帝國時代光輝的一種嘗試。

其象徵性的作為，便是表明要參與蘇伊士運河以東的中東和印度洋的防衛。英國自一九六八年以來，便從蘇伊士以東撤軍，只專心在北約的框架下防衛歐洲，但現在他們決定改變做法。

當然了，對於歐亞大陸陸權國家的中國、俄國也很小心提防。二十世紀初，英國為了防止俄國前進遠東，而選擇同樣是海權國家的日本當夥伴，締結英日同盟。而同樣的事，現在再次上演。

自從二〇一七年的英日安保共同宣言後，**「第二次英日同盟」的可能性大幅提高**。英國重視日本主導的框架，在安保方面加入中國包圍網「Quad（四方安全對話）」（日美澳印戰略對話），在經濟方面加入TPP（跨太平洋戰略經濟夥伴關係協定），展現積極的態度。

陸權國家德國的戰略
歐盟第一強國的弱點，在於過度倚賴中俄

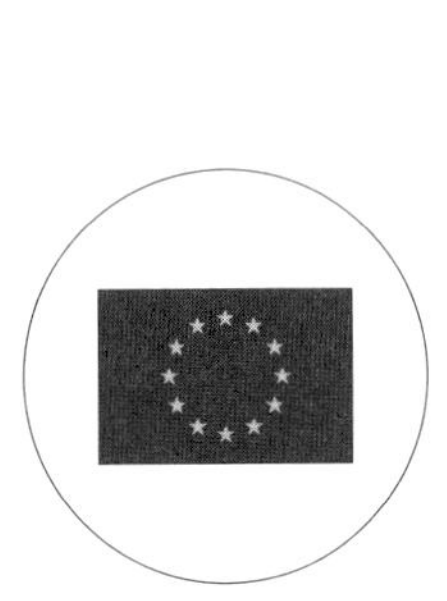

德國一枝獨秀

歐盟內引發的問題之一，是**「南北差距」**。這是歐盟內的北方盈餘國和南方赤字國之間產生的差距問題。而這種南北差距問題，也可說是「德國一枝獨秀」。因為德國的盈餘遙遙領先。

但德國也有其弱點。我們就以地緣政治學的觀點來看吧。

被大國包夾的陸權國家

現今的德國，並非以前在這塊土地上就有德國這個國家。

中世紀有「神聖羅馬帝國」這個國家。這是繼承已滅亡的古羅馬帝國（西羅馬帝國）皇冠的國家，實際上是三百多個小國的集合體。而從中崛起的，正是普魯士王國。普魯士王國在與法國的戰爭（普法戰爭，1870～1871）中獲勝，就此統一德國。

而主導統一霸業的宰相俾斯麥，提出了「只以法國為敵，與英俄合作」的戰略。德國被陸權大國俄國與法國包夾，想前進大西洋，又有海權大國英國守在外頭。他認為自己無法同時對付這三個國家。

但皇帝威廉二世反對此看法，**提出「德國要成為歐美列強之一」的遠景**。始終都選擇要走上與大國競爭這條路。陸權國家德國建設鐵路，入侵中東，推動打造殖民地的戰略。這是以鐵路串聯柏林、拜占庭（伊斯坦堡）、巴格達，以打造波斯灣出口為目標的**「3B 政策」**。對此，海權國家英國則是以海上運輸線連結開普敦、開羅、加爾各答，以「3C 政策」加以對抗。

世界史中熟悉的 3B 政策和 3C 政策，要以「陸權與海權對立」的觀點來看，這點非常重要。

德國同時與英國、俄國、法國為敵的結果，造成他們在第一次世界大戰中落敗收場。未能完成的鐵路，一九四〇年以巴格達鐵路的名義開通。

根據第一次世界大戰的失敗，重新思考戰略的，是希特勒。希特勒擬定的戰略是刻意避開與海權大國英國交戰，打倒蘇聯。

德國納粹當中，也有人認為應該要與蘇聯結成陸權同盟，以對抗英國的海權。這便是德蘇互不侵犯條約。但希特勒片面毀約，執意展開德蘇之戰。結果英國與蘇聯結成軍事同盟與其對抗，德國就此落敗。這便是第二次世界大戰。

戰後的德國在美英的海權與蘇聯的陸權下，被分成東西兩邊。冷戰時代的德國成了東西陣營的緩衝區。

西德除了加入海權同盟的北約組織外，還與法國和解，在歐洲共同體轉為歐盟的這個歐洲合併的框架下，謀求重生。接著在冷戰結束時，吸收了東德（東西德統一）。統一的德國誕生，成為歐盟成立的一個重要契機（P152）。

➤倚賴俄羅斯的功過

在歐盟中，德國素以經濟第一自豪。其主要原因之一，**在於他們是基督新教國家，鼓吹賺錢和儲蓄，許多人都認真工作。**儲蓄（資本）來開創下個事業，經濟變得更加活絡。

此外，德國雖然缺乏資源，但擅長製造，做出許多功能性和設計性卓越的優質商品。其販賣對象是歐盟諸國。歐盟內零關稅，所以容易出口。

與實力相比，歐元相對算是呈現弱勢，這也是一大利多。通常有盈餘

被歐亞兩大勢力包夾的德國

●第二次世界大戰時的德國

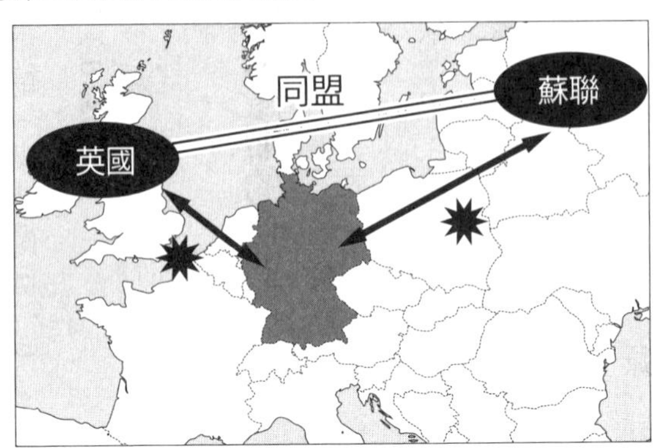

與陸權國家結盟毀約的結果，造成與雙方為敵，就此落敗

⬇

要透過能源，與俄羅斯締結陸權同盟？

的國家，其貨幣較獲好評，不過共同貨幣歐元是與其他赤字國家共有，所以與原本的實力相比，會呈現「歐元弱勢」的情形。**以歐元弱勢當武器，全力出口，帶來好景氣。**

另一個原因是，從俄羅斯以輸送管供應的便宜天然氣，也推動了經濟發展。德俄透過能源展開的相互依賴關係，可以看到陸權同盟再現。

然而，在那段時間引領

著強盛的德國前進的梅克爾總理，她採取的戰略也開始出現破綻。

其中一項破綻的契機，是二〇一五年梅克爾打出接納一百萬名移民的政令。國民對此極力反彈，在大選和各地的州議會選舉中，反移民、反歐盟的政黨勢力抬頭。

德國經濟也迅速下滑。原因在於梅克爾推動的中德合作。梅克爾與景氣大好的中國加強合作，推動德國經濟上揚。但**自從美中貿易戰開打後，便被中國經濟成長失速拖累，德國經濟也一片低迷**。

而另一方面，梅克爾的廢止核電和減碳路線，導致電力不足、價格攀升，對製造業經營帶來壓迫。結果**在能源上提高了對俄羅斯的依賴**。過度依賴使得德國在烏克蘭危機中，陷入無法採取反俄立場的兩難中。

二〇二一年十二月，梅克爾退位，蕭茲新政權就此展開。新政權轉為反中，在南海展開航行自由行動。德國加入中國包圍網，局勢帶來很大的變化。

放棄海權的法國
恐怖攻擊頻傳的所在地

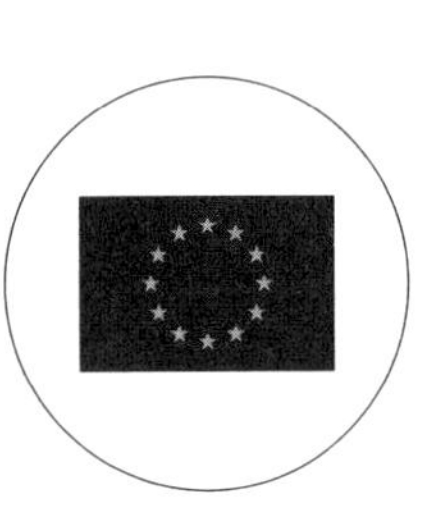

移民成了恐怖分子

法國恐怖攻擊不斷。二〇一五年一月，法國報社發生槍擊恐怖事件，同年十一月，巴黎同時發生多起恐怖攻擊，從二〇一六年七月的尼斯襲擊事件開始，一直到二〇二〇年，大大小小的恐怖攻擊各地頻傳。

看這一連串的恐怖攻擊，「移民問題」這個共通的主題便逐漸浮現檯面。每一起都是伊斯蘭激進派引發的恐怖攻擊，但**實際情況是在法國生長的年輕移民引發的恐怖攻擊**。就像這樣，在國內生長的人，受到國外激進派思想的影響而引發的恐怖攻擊，稱之為「本土恐怖主義」。原本一直到昨天都還過著普通生活的年輕人，突然發動恐攻。當真是處在不知道誰會是恐怖分子的可怕處境中。

我們就一邊了解法國的地緣政治學基礎，一邊看看因大規模恐攻而為之動搖的法國現狀吧。

贏不了海權大國

法國同時擁有海權與陸權。

因為面向大西洋與地中海這兩處海域，所以擁有海權的一面，而同時又有廣大且豐饒的國土，具有陸權的一面。在海權方面，與隔著僅32公里寬的多佛海峽迎面相對的英國展開競爭，而在陸權方面，則是圍繞著亞爾薩斯和洛林的國境地區與德國競爭。

十七世紀末到十九世紀初，**反覆與英國展開殖民地戰爭。**在歐洲大陸上的戰事牽動下，在美洲大陸和印度也常引發激烈衝突。但最後法國落敗。主要原因是法國得分派兵力在歐洲大陸的本土防衛上，沒有餘力出兵海外，而且與英國相比，法國是更為豐饒的農業國，所以移居海外的動機較低。

獲勝的英國建立廣大的殖民地，歷經十八世紀的工業革命後（P155），就此步向大英帝國之路。另一方面，法國因殖民地戰爭而國力疲敝，再加上支援美國獨立戰爭，就此陷入財政困難。國王路易十六強行增稅，但此舉遭到反彈，成為法國革命的導火線。附帶一提，有一看法認為法國革命是英國為了引發法國內部分裂所推動的策略。

在革命後的渾沌局勢中，**拿破崙**登場。拿破崙在歐洲大陸上連戰皆捷，但在征服最大敵人英國的特拉法加海戰中落敗。就結局來看，拿破崙戰爭可看作是英法之爭。而遠征俄國，是因為俄國不遵守他為了削弱英國國力而施行的大陸封鎖令，才會對俄發動制裁，但拿破崙帝國卻因為出師不利而走向崩毀。拿破崙最後在滑鐵盧戰役中遭英軍擊潰。

就連拿破崙也不敵英國，法國這時已明白他們不是海權國家英國的對手。法國從那之後，便不再與英國競爭。改為**以陸權國家的身分，在歐洲大陸與德國爭奪霸權**。

在第一次世界大戰、第二次世界大戰中，法國與海權大國英國、美國聯手，擊敗德國。戰後則是與德國和睦相處，主導歐洲統合。

成為歐洲最大的移民大國

第二次世界大戰後，為了補足經濟成長期欠缺的勞力，開始接受來自舊殖民地阿爾及利亞以及**北非的大量移民**。但自從石油危機後，因為經濟不景氣，不再需要移民，一九七四年停止接受為了工作前來的移民。不過，准許已在此長住的移民接家人前來同住，而且移民的第二代、第三代陸續誕生，現今移民人數已增加至五百萬人。放眼歐洲各國，屬於最大規模。

法國是對移民很寬容的國家。他們認為，只要是願意共同擁有法國的理

大規模恐攻接連發生的法國內情

因拿破崙戰敗，
就此轉為陸權國家

戰後的問題　因人口減少而接納移民造成的問題

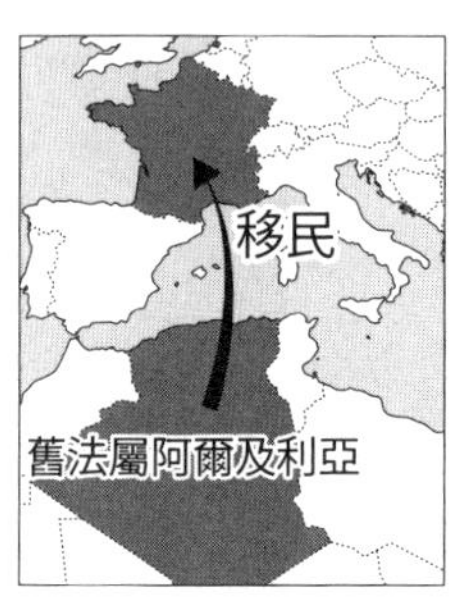

在「自由、平等、博愛」下寬容地接納……

↓

因人種和宗教而歧視

↓

本土恐怖主義就此誕生

念「自由、平等、博愛」這種精神的人，就能接納為國家的一員。不過，雖然對外強調「平等」，但發生在學校、職場上的各種霸凌和就職歧視等，這些因人種或宗教而造成的「歧視」，很嚴肅地存在於社會中。

遭受歧視，找不到自己容身之所的年輕移民，看了恐怖組織的勸誘影片後，如果覺得那才是真正接納他們的地方，會有什麼後果？引發本土恐怖主義的背景就在此。

在逐漸右傾的情況下舉辦的總統大選

二〇二二年四月，法國舉辦了總統大選。**現任總統艾曼紐・馬克宏是位全球主義者，以自由貿易和限制鬆綁來恢復法國經濟。**但他為了對抗全球暖化而推動提高燃料稅和年金改革，這些將負擔加諸在國民身上的政策常引來反彈。

馬克宏的對手是右派共和黨候選人，想成為法國第一位女總統的薇樂莉・佩克雷斯。此外，極右派的候選人還有勒朋和澤穆爾。法國國內反全球主義、反移民的右傾態度愈來愈強烈，一般認為，一旦馬克宏與佩克雷斯展開投票對決，右派的票數會往佩克雷斯集中，她將贏得勝利（最後事實是馬克宏獲勝）。

握有世界霸權的海權國家義大利、西班牙的地緣政治學

中國悄悄靠近的義大利

面向地中海的南歐國家義大利和西班牙，是信奉天主教的半島國家。兩者的共通點，是他們都曾是握有世界霸權的海權國家，但現在國際地位低落。

我們就來看看這兩個南歐國家的狀況吧。首先是義大利。

義大利位於從歐洲大陸的阿爾卑斯山脈往南延伸的義大利半島上。雖是「半島國家」，但北側的相連處被阿爾卑斯山脈阻斷，所以實際上可稱得上是「島國」。**是一處易守難攻的土地，不曾遭受大國侵略。**受惠於溫暖的氣候以及豐饒的農作物。

古時候統一這座半島的都市國家羅馬，進一步打敗北非的海權國家迦太基，建造勢力遍及歐洲大陸到地中海一帶的大帝國。這便是羅馬帝國。是歐洲唯一一次統一，可說是前無古人，後無來者。

後來因陸權的日耳曼民族大移動，羅馬帝國就此分裂成東西兩邊，東羅馬帝國得以延續，但西羅馬帝國則是就此瓦解。

義大利分成了多個小國，像威尼斯共和國、熱內亞共和國這些海權國家，相互爭奪地中海的霸權。**自大航海時代開始，歐洲的經濟中心從義大利半島移往大西洋岸（里斯本和安特衛普），義大利的地位就此一落千丈。**

十九世紀後半義大利統一，羅馬教皇的領地也編入此地。

戰後的義大利，成為歐洲的主要國家之一。近年來，非洲湧入的大量難民釀成問題，而且自爆發歐債危機後，經濟持續低迷，有四分之一的國民處於貧困階級。在這樣的背景下，主張反歐盟、反難民的民粹主義政黨就此竄起。

二〇一八年，新的政治勢力「五星運動」與極右派政權「北方聯盟」建

義大利的地緣政治學與現今的課題

從非洲湧入難民

↓

反歐盟、反難民的政權誕生

為了恢復經濟,
參與中國的「一帶一路」

總理孔蒂

↓

改變原本親中路線
的新政權誕生

總理德拉吉

立了民粹主義聯合政府，朱塞佩・孔蒂出任總理。

隔年，總理孔蒂為了打破經濟低迷，看準巨額投資，因而參與中國的「一帶一路」，簽訂備忘錄。**雙方交換一帶一路備忘錄，義大利是G7當中第一個簽訂的國家**。中國也因此涉足熱內亞和的里雅斯德的港灣事業。但「債務陷阱」的風險已為眾人所知。

二〇二一年，新冠疫情擴大，在此緊急事態下，幾乎所有主要政黨都參與的新政權就此成立。前歐洲中央銀行（ECB）總裁馬里奧・德拉吉出任總理。德拉吉在歐債危機時，成功守住歐元，有過人手腕，獲得廣大民眾支持。

總理德拉吉想改變先前政權的親中路線，**批評中國是「專制國家」**。對參與一帶一路的計畫表現出要重新評估的態度。

令西班牙為之苦惱的加泰隆尼亞獨立問題

西班牙是位於歐洲大陸西南部伊比利半島上的「半島國家」。

北方的連接處被庇里牛斯山脈阻擋，不過它不像義大利的阿爾卑斯山脈那麼高。而另一方面，南方隔著狹窄的直布羅陀海峽，與北非大陸相望，就此**成為回教勢力的入口**。這處溫暖又豐饒的「穀物生產基地」，對異民族來說充滿魅力。

古時候，北非的迦太基入侵此地，之後納入羅馬帝國的領土。羅馬帝國瓦解後，八至十五世紀，這裡一直都在伊斯蘭勢力下。後來在基督教徒的收

西班牙的地緣政治學和現今的課題

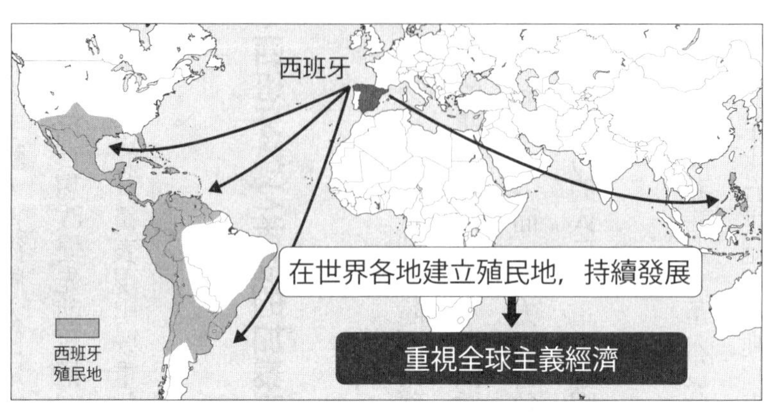

而另一方面，也擔心「加泰隆尼亞獨立」

復失地運動下，伊斯蘭教勢力被一掃而空，接著直接延續這股氣勢，挺進「新大陸」。並在世界各地建立殖民地，打造第一個人稱「日不落帝國」的西班牙帝國。

一五八八年，西班牙的無敵艦隊與同樣是海權國家的英國海軍開戰，結果慘敗（格瑞福蘭海戰）。世界霸權就此被英國和荷蘭奪走。十九世紀時，**南美的殖民地陸續獨立，西班牙的國際地位因此下滑。**

因一九三六年的西班牙內戰而成立的佛朗哥獨裁政權，一直延續到一九七五年。之後加入歐盟。

義大利與西班牙看起來相似，但性質截然不同。

義大利是後期的資本主義國，幾乎沒有殖民地，一直是以地方經濟為基礎發展而來。而西班牙則是在世界各地建立殖民地，打造出大帝國，藉此經濟繁榮。西班牙經濟現在仍是以對外發展為主。因此，**西班牙重視全球主義經濟，更勝於地方經濟**。他們很重視推動全球主義的歐盟框架。

而講求全球主義的西班牙所面臨的問題，是**區域主義**的動向。就像英國的蘇格蘭一樣，在西班牙內也出現加泰隆尼亞獨立運動。

以巴塞隆納為中心的加泰隆尼亞，經濟富足，占西班牙全體ＧＤＰ的兩成。雖然負擔了高額的稅金，得到的回饋卻很少，這使得加泰隆尼亞人的不滿日漸高漲。加泰隆尼亞在佛朗哥獨裁政權時代，曾有一段禁止使用加泰隆尼亞語，備受打壓的歷史。因此，他們對推動中央集權的政府強烈反彈，極度重視自治權。在二〇一七年的加泰隆尼亞州議會選舉中，贊成獨立派得到過半的票數。而從二〇二〇年起，西班牙政府與加泰隆尼亞政府才開始針對獨立問題的解決方法展開對話。

第6章

中東的地緣政治學

各地紛爭與大國的意圖翻湧

百年前以人工劃定的國境改寫了中東

地緣政治學風險極高的中東

中東是時時都帶有許多地緣政治學風險的地區。從伊拉克戰爭到阿拉伯之春、敘利亞內戰、IS崛起、伊朗的核武開發疑雲，以及最近以色列和伊斯蘭組織哈馬斯的交戰等，國際問題接連爆發。而且**不光中東各國，歐美各大國的利害關係也牽扯其中，無比複雜，情勢可說是渾沌不明。**

我們就先以其歷史背景，來看看現在的中東地圖是如何形成的吧。

在賽克斯—皮科協定下，阿拉伯變得四分五裂

昔日的中東相當安定。鄂圖曼帝國很用心統治，幾乎沒發生過任何宗教對立和民族對立。但來到二十世紀初，想前進中東的俄國和德國展開衝突。對德國的崛起感到反感的英法兩國，與俄國聯手，而鄂圖曼帝國為了防範俄國的南下政策，選擇與德國聯手。第一次世界大戰就此爆發。

大戰令鄂圖曼帝國陷入不利的局面。一九一六年，俄國、英國、法國想事先決定好戰後要如何處置鄂圖曼帝國的領土，就此簽訂**賽克斯—皮科協定**。其內容**就像在地圖上直接用尺畫線一樣，完全無視於民族或宗教的分布**。大部分都照此協定執行，所以現在的敘利亞、伊拉克、約旦一帶的國境界線，幾乎是一直線。

屬於法國的領地是敘利亞和黎巴嫩。敘利亞的內陸部分有遜尼派，地中海沿岸部分有什葉派（阿拉維派）和基督教徒。屬於英國的領地為伊拉克。

靠近敘利亞國境的西部有遜尼派，面向波斯灣的南部有什葉派，北部有遜尼派的庫德族人。屬於俄國的領地則有土耳其的伊斯坦堡、安納托力亞、達達尼爾、博斯普魯斯海峽一帶。

賽克斯─皮科協定是一項密約，沒讓阿拉伯人知道。但一九一七年爆發俄國革命，列寧一概沒繼承先前帝政時期俄國所締結的條約。賽克斯─皮科協定的存在就此被揭發。

阿拉伯人被英國說服，派去與鄂圖曼帝國開戰。這即是所謂的「阿拉伯起義」，在電影《阿拉伯的勞倫斯》中也有描寫。英國承諾戰後會讓他們獨立（麥克馬洪─海珊協定），以作為起義的回饋。但英國其實早決定好要違背這項承諾，此事洩漏了出去。阿拉伯人對此大為震怒，但最後除了俄國原本所屬的那部分外，還是按照賽克斯─皮科協定瓜分。

就這樣，現在的伊拉克、約旦、黎巴嫩、敘利亞等國，是人工劃分出的國家。一開始作為英法的殖民地，很快便獨立，但實際上卻成了深受英法影響的傀儡國家。因此，這個時代的中東，英法具有很大的影響力。

中東　混亂歷史的原因

第一次世界大戰後　鄂圖曼帝國的瓜分（賽克斯－皮科協定）

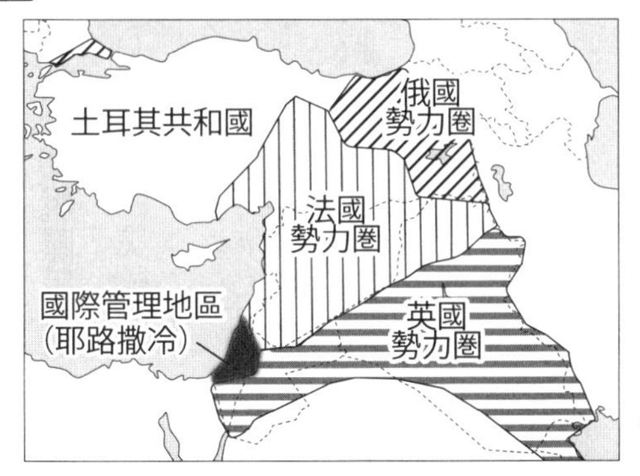

※虛線是現在的國境

不考慮宗教派系和人種分布，
統一意識低的人工國家就此誕生

支持獨裁政權的蘇聯瓦解

第二次世界大戰後，中東支配的構圖改變。其契機是一九五六年的**蘇伊士運河戰爭**。這是埃及的納瑟為了奪回英法管理的蘇伊士運河所展開的戰爭。美國和蘇聯援助埃及，英法被趕出當地。

納瑟就此成為英雄，成為想再度統一阿拉伯的「阿拉伯民族主義」象徵。想恢復成賽克斯－皮科協定之前的阿拉伯，這股動向就此抬頭。

就像要延續納瑟的志向般，**各國紛紛出現獨裁領袖**。例如敘利亞的阿塞德（父）、利比亞的格達費、突尼西亞的班．阿里、伊拉克的薩達姆．海珊等。**這些領袖全都脫離英法的支配，改為接受蘇聯的援助**。

看準石油特權的美國也在中東進出。因此，冷戰時期的中東，是蘇聯與美國展開角力的場所。

蘇聯瓦解後，美國著手拉下親蘇政權。其開端正是波斯灣戰爭和伊拉克戰爭，伊拉克的海珊垮臺。之後因「阿拉伯之春」，班．阿里和格達費垮臺，敘利亞的阿塞德（兒子）逐漸被逼入絕境。據說阿拉伯之春也是因為有美國和英國在背後煽動。

獨裁政權垮臺後，是否民主政權就此誕生呢？其實不然。自從鄂圖曼帝國瓦解後，**被歐美操控在手掌心上的中東各國，沒有靠自己統治的力量**。更何況他們是在賽克斯─皮科協定下，人工創造出的國家，所以像「我是伊拉克人」這種意識很薄弱，也沒有想重建自己國家的念頭。因此，就**只會一味**

地爆發宗教派系對立和部族紛爭，混亂的情形日漸加深。

就在這樣的混亂中，誕生出ＩＳ（伊斯蘭國）。ＩＳ的目標是無視於賽克斯－皮科協定下的國境界線，控制橫跨敘利亞到伊拉克的這整個地區，企圖讓昔日的伊斯蘭帝國復活。

在中東空白地帶誕生的ＩＳ究竟是什麼？

擅自建立新國家

近年來，位於中東混亂核心的，正是ＩＳ。

那麼，我們就先來看看，ＩＳ到底是個怎樣的組織吧。

ＩＳ是「遜尼派」的激進派武裝組織。

伊斯蘭教有「什葉派」和「遜尼派」。基本上，什葉派與遜尼派會互相爭鬥，但什葉派同志和遜尼派同志自己不會互相鬥爭。

在伊斯蘭教，預言者穆罕默德之後四代的繼承人（哈里發），都是由選舉選出。而第四代哈里發，是穆罕默德的堂弟阿里。他是這四代哈里發當中唯一與穆罕默德有血緣關係者，而且還是穆罕默德的女婿。但阿里被倭馬亞家暗殺，並建立了倭馬亞王朝。

基於這樣的緣由，什葉派主張「正式的哈里發是阿里，阿里的子孫才是正統」。而遜尼派則認為「最早經由選舉的前四代，才是正統的哈里發」。

伊斯蘭教徒當中，有九成是遜尼派，一成是什葉派。遜尼派為多數派。

ＩＳ是遜尼派。**遜尼派認為與血統無關**。只要自稱是哈里發，獲得大家認同，就能成為哈里發。看準這一點的ＩＳ首領，是阿布·貝克爾·巴格達迪。他在宣布ＩＳ成立時，便**自稱是哈里發**。

▼敘利亞內戰是宗教派系之爭

ＩＳ誕生的直接開端是「敘利亞內戰」，不過，引發敘利亞內戰的是二〇一〇年展開的**「阿拉伯之春」**。

阿拉伯之春是中東的民主化運動，突尼西亞的班．阿里政權、埃及的穆巴拉克政權、利比亞的格達費政權，以及各國的獨裁政權，都像骨牌一樣接連倒下。這股民主化運動的風潮也擴及敘利亞。在敘利亞，**反對阿塞德獨裁的勢力竄起，就此展開內戰。**

內戰的實際情況，是什葉派與遜尼派的爭鬥。阿塞德政權在國內是少數（約13％）的什葉派，而敘利亞國民大部分都是遜尼派。在敘利亞身為少數派的什葉派獨占了財富，而多數派的遜尼派則深受貧困所苦。這股不滿以阿拉伯之春為契機，一次全爆發開來。形成了**什葉派的政府軍與遜尼派的反政府勢力對抗**的構圖。因此，遜尼派的沙烏地阿拉伯和卡達都支援反政府勢力。

另一方面，鄰國伊拉克的結構則是遜尼派占二成、什葉派占六成、庫德族人約占二成。在伊拉克戰爭中，遜尼派的海珊政權垮臺後，國內情勢不穩，橫跨敘利亞和伊拉克的地區就此出現權力空白地帶。而填補這處空白地帶的，正是遜尼派的ＩＳ。

武裝組織 IS 究竟為何？

I S (Islamic State)

- 伊斯蘭教遜尼派的激進派武裝組織
- 因敘利亞國內的內戰而誕生

※2017 年 2 月時

其背後是敘利亞國內伊斯蘭教的宗教派系鬥爭

遜尼派

- 以選舉選出繼承人
- 多數派（約九成）
- 貧困階層、反政府

什葉派

- 繼承人的挑選重視血統
- 少數派（約一成）
- 富裕階層、政府軍

展開中東的大博弈

敘利亞內戰於二〇一一年三月爆發。

對抗什葉派阿塞德政府軍的，是遜尼派的敘利亞反政府武裝組織和ＩＳ。不過，與其說ＩＳ的目的是打倒阿塞德政權，還不如說他們始終都只是想建立伊斯蘭帝國。歐美各國和周邊國家都與這裡有糾葛。

冷戰時代，原本是美國與蘇聯的「大博弈」，但現在則是在中東為下一個霸權展開「新的大博弈」。

支持阿塞德政權的是俄羅斯。阿塞德政權是在東西冷戰中，接受蘇聯軍事援助的阿拉伯民族主義獨裁政權之一。其他的中東獨裁政權，都因「阿拉伯之春」而垮臺，而俄羅斯則是出手援助這最後殘存的阿塞德政權。

俄羅斯對阿塞德的援助，有牽制伊朗的意味。堪稱什葉派大本營的伊朗，為了擊潰遜尼派的ＩＳ，擴大什葉派勢力，對阿塞德政權提供軍事和經濟支援。但以俄羅斯的立場來看，要是伊朗的影響力增強，敘利亞成了伊朗保護的國家，那俄羅斯就傷腦筋了。在對ＩＳ展開攻擊方面，俄羅斯與歐美的利害一致，但是對反政府武裝組織，則與歐美立場對立，雙方關係複雜。

最後，在對ＩＳ展開攻擊方面，除了美國、英國、法國等國外，俄羅斯和伊朗也加入其中，一致採取攻擊態勢。歐美各國也對阿塞德政府軍攻擊ＩＳ的決定大表歡迎。

之後，川普政權認真掃蕩ＩＳ，結果ＩＳ於二〇一七年十月瓦解。川普於二〇一八年底宣布對ＩＳ一役大獲全勝，並表示美軍就此撤兵。

各國盤算糾葛的敘利亞阿塞德政權

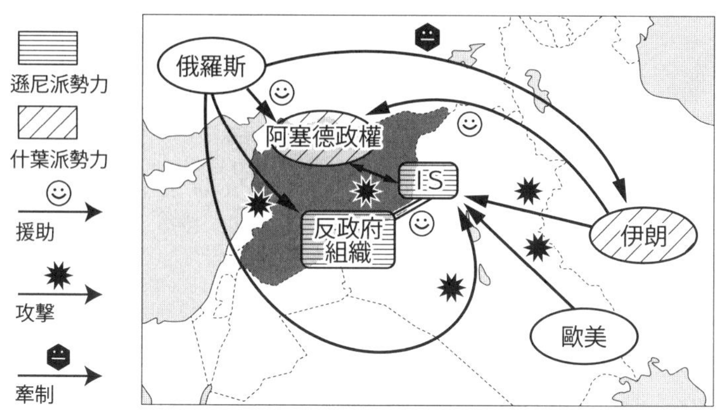

與敘利亞內政關係緊密的俄羅斯

⬇

防止伊朗在敘利亞的影響力擴大

ＩＳ消失後，阿塞德政權以首都大馬士革為中心，收復了敘利亞全土。

但敘利亞仍有暗中活動的勢力存在。那是**位於敘利亞北部，以建立獨立國家為目標的庫德族人勢力**。庫德族人之前一直都接受美軍的援助，但現在已失去這個後盾，所以與庫德族人對立的土耳其就此開始壯大。

因此在敘利亞，形成阿塞德政權、庫德族人、土耳其三國鼎立的局面，而歐美各國、俄羅斯、伊朗也牽扯其中。

什葉派大國伊朗與退出伊朗核協議的美國對立

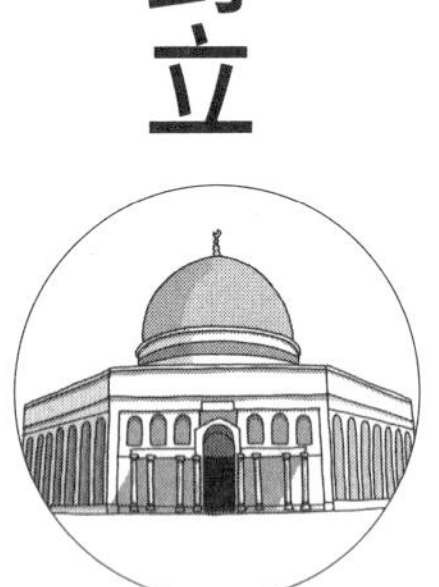

其起源是波斯帝國

接下來我們來看看中東大國伊朗、土耳其、以色列的地緣政治學吧。

首先是伊朗。伊朗位於「遜尼派阿拉伯人」居多的伊斯蘭圈，是個特殊的國家。這是因為**伊朗是「什葉派的波斯人」國度**。歷史上，誕生於伊朗高原的歷代波斯帝國是伊朗的起源，乃是勢力足以與古羅馬帝國抗衡的超級大國。

那麼，為什麼伊朗是什葉派呢？遜尼派的倭馬亞帝國成立時，波斯帝國（薩珊王朝）滅亡，被阿拉伯人統治。波斯接納了伊斯蘭教，但基於波斯人的尊嚴，他們並未連語言文化都被阿拉伯同化。

十六世紀，薩非王朝建立於伊朗高原。這國家是由薩法維耶教團發展而來，其教義與什葉派較接近，所以採用了什葉派。伊朗就此成為什葉派國家。

什葉派的薩非王朝，與遜尼派的鄂圖曼帝國（土耳其）爭奪中東霸權。他們爭奪的舞臺是現在的伊拉克一帶。**伊拉克是古代美索不達米亞文明發祥地的一處豐饒之地，位於可在周邊的高地俯瞰的位置上，所以容易被敵人覬覦，成了它無法擺脫的宿命。**不光波斯人和土耳其人，庫德族人、希臘人、羅馬人、阿拉伯人也都相繼入侵此地，一再展開激烈的征戰。

即使是現代，也發生過伊拉克戰爭，就地緣政治學來看，伊拉克是一處容易引發大博弈的場所。

淪為歐美列強的收割場

來到近代後，伊朗淪為歐美列強的收割場。十九世紀時，被演出大博弈的俄國與英國瓜分，而在俄國離開後，在此建立了英國的傀儡政權。戰後則是成為英國與美國援助的國王巴勒維二世的獨裁政權。英美手中緊握伊朗的石油特權。

但這時，什葉派的法學家柯梅尼挺身而出，欲打倒英美的獨裁政權。這就是**一九七九年的伊朗革命**。伊朗革命大獲成功，**英美勢力就此被趕出國內**。從這時候起，伊朗和美國開始成為敵對關係，同時展開一場新的大博弈。

因為美國已從伊朗境內離開，**為了填補這個空缺，蘇聯就此南下（蘇聯入侵阿富汗）**。這時在阿富汗內集結的勢力，就是蓋達組織，日後成為威脅美國的恐怖攻擊組織。同樣的，伊拉克的海珊也入侵伊朗。這便是**兩伊戰爭**。海珊擔心伊朗革命會刺激他國內的什葉派，引發分離主義運動，於是先下手為強，出兵攻打。但蘇聯和伊拉克反而因此消耗國力，蘇聯瓦解，海珊政權因為波斯灣戰爭和伊拉克戰爭而垮臺。**就此在權力空白地帶誕生出IS**。

伊朗和美國因伊朗革命而造就的敵對關係，在小布希政權時代變得尖銳化。小布希稱伊朗為「邪惡軸心」，指責伊朗開發核武，和西方各國一起施予經濟制裁。但伊朗的目標是要成為像昔日的波斯帝國那樣的超級大國，因此還是堅持推動開發核武。

不過，到了歐巴馬政權，由於在打倒ＩＳ方面雙方利害關係一致，所以主動接近伊朗，於二〇一五年七月達成伊朗核子協議，並決定解除經濟制裁。而因為這麼做，與伊朗敵對的沙烏地阿拉伯、土耳其、以色列，與美國的關係就此惡化。

美國與伊朗的對立局勢

川普政權退出伊核協議，階段性地加強對伊朗的經濟制裁（P65）。歐洲各國政府的目標是維持核子協議，但進出伊朗的全球企業因為害怕制裁，紛紛撤出伊朗。

川普政權發動的經濟制裁，當然很受敵視伊朗的沙烏地阿拉伯、土耳其、以色列的歡迎。所以二〇一八年五月，當美國將以色列的美國大使館遷

伊朗和美國的對立局勢

1979 年　伊朗革命

在什葉派的柯梅尼領導下，
將英美趕出國內

柯梅尼

↓

之後伊朗與美國成了敵對關係

美國陣營	vs	伊朗陣營
・沙烏地阿拉伯 ・土耳其 ・以色列		・歐盟各國 ・中國

萊希總統

至西耶路撒冷時，沙烏地阿拉伯向美國展開形式上的抗議，但如果就真心話來看，這根本不是什麼大問題。

以往中東的對立局勢中心，是以巴勒斯坦問題為背景的「以色列對阿拉伯諸國」，但現在已改為**「美國陣營對伊朗陣營」**這樣的局勢。因為美國退出核子協議，以色列和沙烏地阿拉伯加入美國陣營，歐盟各國則主張維持核子協議，留在伊朗陣營內。

接著拜登將重訂伊朗核子

協議寫進選舉政見中，但究竟能否實現，還很難說。

伊朗主張「單方面退出核子協議的美國，要先解除制裁」，但美國拒絕在交涉前先解除制裁。就在雙方僵持的這段時間，伊朗增加高濃縮鈾的貯存量，以大幅違反協議的做法加速開發核武。也有分析指出，只要 1 個月的時間，他們就能製造出一枚核彈所需的核燃料。

伊朗改為強硬反美派的萊希執政，雙方的交涉似乎陷入困境。一旦交涉決裂，拜登可能會採取強硬手段。

土耳其憑藉伊斯蘭主義復興劍指中東霸權

▼因世俗主義而變得近代化的伊斯蘭國家

接著我們來看看土耳其的地緣政治學吧。

土耳其原本就與歐洲關係深厚，在東羅馬帝國的繁榮下，基督教的文化根深柢固。而這**在十五世紀後的鄂圖曼帝國支配下，則完全轉為伊斯蘭教。**現在國民99％都是伊斯蘭教徒。

第一次世界大戰後，鄂圖曼帝國變得積弱不振，就此面臨被英國、法國瓜分的危機（色佛爾條約）。對此，穆斯塔法．凱末爾．阿塔圖克發動革命，推翻鄂圖曼帝國，建立土耳其共和國。阿塔圖克與英法交涉，向他們威脅道「我們放棄阿拉伯人的地區，但安納托力亞（土耳其本土）說什麼也不會放。如果你們不同意的話，我們會加入俄國的陣營」。絕不允許俄國進出地中海的英法兩國，只得無奈地從安納托力亞撤軍（洛桑條約）。阿塔圖克可說是很了解自己國家在地緣政治學上具有的意義。

成為第一任總統的阿塔圖克，將**「世俗主義（政教分離）」定位成土耳其共和國的基本原則**。具體取消伊斯蘭教為國教，採用拉丁字母取代阿拉伯字，禁止一夫多妻制，實現女性參政權。目標是以世俗主義讓土耳其成為歐美那樣的國家。

讓伊斯蘭主義復興的艾爾多安

土耳其重視與歐洲的關係，在伊斯蘭世界裡，是唯一加入北約組織的國家。他們接受美國的軍事援助，**向來都扮演了防波堤的角色，守護地中海不**

受採取南下政策的俄羅斯（蘇聯）威脅。附帶一提，鄰國的希臘也和土耳其扮演同樣的角色。

由於土耳其很早就已申請加入ＥＥＣ（歐洲經濟共同體）和ＥＣ（歐洲共同體），所以一九九九年成為歐盟的正式加盟候選國，從二〇〇五年起，開始交涉加入歐盟。但交涉幾乎沒有進展。

雖然展開加入歐盟的交涉，但**土耳其國內的伊斯蘭主義卻逐漸復興**。居中主導的是艾爾多安總統。他從二〇〇三年開始擔任總理，二〇一四年出任總統。

土耳其以歐美為範本來發展產業，但也因此產生貧富差距。所以艾爾多安主張「財富重新分配，回歸互助的伊斯蘭精神」，獲得高人氣。

不過，以富裕階層為主的人們，對艾爾多安的伊斯蘭主義展開批判。在此情勢下，於二〇一六年七月引發軍方的武裝政變未遂事件。土耳其自建國以來，**軍方一直都發揮「世俗主義守護者」的功能，每當政權開始傾向伊斯蘭主義時，就會在軍方壓力下進行修正**。這次同樣也發揮其功能，但國民對艾爾多安總統的支持度相當高，武裝政變最後失敗收場。武裝政變後，艾爾多安想一掃國內的抵抗勢力，因而打算進一步干預中東事務。

➤因美軍撤兵而改善關係

在土耳其與中東的關係上，勢必會造成問題的，便是**庫德族人的問題**。庫德族人號稱是「世上沒有國家的最大民族」，他們居住的地區，橫跨敘利亞、土耳其、伊拉克、伊朗等地。土耳其的總人口中，有兩成是庫德族人。

對庫德族人而言，伊拉克戰爭和敘利亞內戰是個大好機會，他們打敗ＩＳ，在這個地區獨立。由於在對ＩＳ作戰上利害關係一致，所以他們接受美軍的支援。

土耳其對此相當反感。因為庫德族人要是獨立，住在土耳其東邊的庫德族人也會士氣大振，要求要自治區。

土耳其、IS、庫德族人

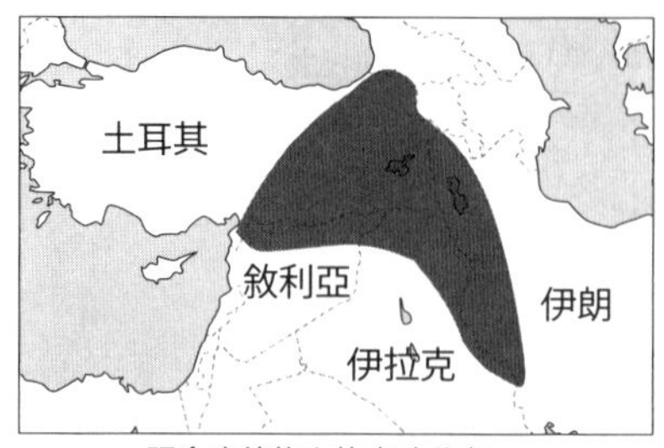

現今庫德族人的大致分布

土耳其擔憂的發展

敘利亞內戰後，
庫德族人在當地獨立

土耳其東部占多數的
庫德族人也乘機獨立

土耳其的盤算

「掃除庫德族人的武裝勢力」

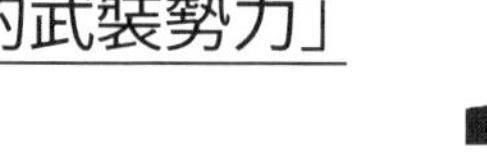

IS 瓦解後，再度與美國靠攏

艾爾多安
總統

另外，土耳其對伊朗相當提防。土耳其與伊朗自古就一直是爭奪中東霸權的競爭對手，要是乘著對ＩＳ作戰之便，連伊朗也跟著擴張勢力，到時候可就不好應付了。

因為這樣的情況，**在對ＩＳ作戰上支援庫德族人的美國，與土耳其的關係降到冰點**。而雪上加霜的，便是前面提到的武裝政變未遂事件。因為有人認為這起事件是美國的陰謀。事實上，有情報指出，給武裝政變部隊提供支援的加油機，是從因吉利克空軍基地升空。那裡是美軍用來攻擊ＩＳ的前線基地。

土耳其與美國和北約組織保持距離，和俄羅斯走得很近。兩國在糧食和能源領域上大力推動合作。行經土耳其的天然氣管路計畫「土耳其溪」建設，也達成協議於二〇二〇年開始運用。土耳其溪對南歐各國也帶來了益處。因為這比行經烏克蘭的天然氣更便宜，也能避開烏克蘭不穩定的情勢。

另一方面，若站在美國和北約組織的立場來看，土耳其能充當抵擋俄羅斯的防波堤，與土耳其的關係至為重要。因此，川普政權雖然施予經濟制裁，但另一方面也想修復和艾爾多安的關係。隨著ＩＳ瓦解，美國也從敘利亞撤軍，提供土耳其一個容易對庫德族人的武裝勢力展開攻擊的環境，這也可說是一項示好的徵兆。

然而，**拜登政權成立後，兩國的關係又降至冰點**。土耳其雖是北約組織的一員，卻向俄羅斯購買對空飛彈系統。這成了一個大問題，美國不僅將土耳其從最尖端的匿蹤戰機 F-35 的開發計畫中排除，還施予制裁。

和美國合作，與伊朗對抗的以色列地緣政治學

戰後誕生的新國家

最後讓我們來看看以色列的地緣政治學吧。

以色列是第二次世界大戰後成立的新國家，也是**中東最大的親美國家**。

第一次世界大戰中，英國和法國締結賽克斯—皮科協定，決定如何瓜分戰後鄂圖曼帝國領土。而另一方面，對阿拉伯人則承諾戰後會讓他們獨立（麥克馬洪—海珊協定，P188）。做了兩項前後矛盾的承諾，但其實還有另一項承諾。那就是貝爾福宣言。**英國承諾要在巴勒斯坦建設猶太國家**。這是為了請猶太裔的金融資本家羅斯柴爾德家族調度戰爭費用，所做的承諾。

結果巴勒斯坦成了英國的託管領地，猶太人開始移居此地。當然就此**與原本住在巴勒斯坦的阿拉伯人發生激烈衝突**。第二次世界大戰後，聯合國決定將巴勒斯坦分割成猶太人國家的以色列和阿拉伯人國家，但雙方無法接受，以色列和阿拉伯各國間引發了多達四次的中東戰爭。

以色列接受美國的軍事援助，與其對抗。美國的猶太人占總人口的3％左右，但他們透過金融和媒體，行使強大的政治力，展開支援以色列的行動。站在美國的立場，面對蘇聯提供軍事支援的阿拉伯各國，以色列作為一處與他們對峙的據點，在地緣政治學上有其重要性。

但後來**因冷戰終結，以色列的重要性就此下滑**。這促成了一九九三年的巴勒斯坦臨時自治協定。協定的內容提到，以色列從占領地加薩走廊和約旦河西岸撤兵，承認巴勒斯坦人的自治政府；相對的，巴勒斯坦解放組織（PLO）也要承認以色列。

不過，在以色列握有政權的右派聯合黨對這項協定極力反彈，想將阿拉伯人趕出占領地。而另一方面，巴勒斯坦方面也發起抵抗運動（大起義）。

彼此不斷開戰報復，巴勒斯坦問題逐漸陷入看不到未來的惡性循環中。

害怕真主黨和伊朗的威脅

對現在的以色列而言，有兩大威脅。一是以加薩走廊為據點的**遜尼派武裝組織哈馬斯**，二是以鄰國黎巴嫩為據點的**什葉派激進組織真主黨**。真主黨有什葉派的伊朗在背後支援，伊朗要是擁有核武，便可能會交給真主黨使用，所以以色列一直很提防伊朗裝備核武。但歐巴馬政權以打倒ＩＳ為優先，對伊朗裝備核武一事視而不見。這使得以色列對美國充滿不信任感。兩國關係惡化到前所未有的地步。

在這種情勢下，川普政權**表明要退出伊朗的核子協議，明確地採取與伊朗對決的態度，就此重拾以色列的信賴感**。

川普更進而在二〇一八年五月，將位在以色列的美國大使館遷往西耶路

逼近以色列的威脅

巴勒斯坦問題

猶太人的以色列（親歐美派）  阿拉伯人的巴勒斯坦（反歐美派）

以色列的敵對勢力

哈馬斯		真主黨
加薩走廊	據點	黎巴嫩
遜尼派	宗派	什葉派
	特徵	伊朗支援

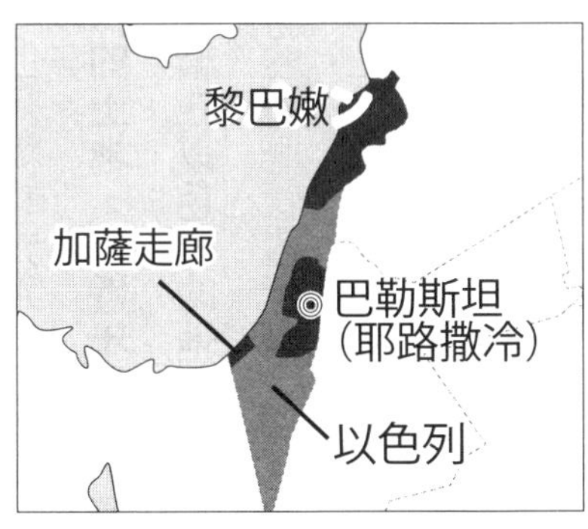

撒冷。這具有什麼意義呢？

耶路撒冷是猶太教、基督教、伊斯蘭教共同的聖地。仔細看會發現，**西耶路撒冷是以色列國土的一部分，同時也是該國的首都，這點各國都承認**。至於東耶路撒冷，巴勒斯坦主張是他們的領土，並認為是巴勒斯坦的首都。問題在於以色列主張東西耶路撒冷是一體的，是一個首都。

話說回來，大使館的遷移是一九九五年美國在國會中決定的事，但後來因為付諸執行，使得猶太民族對川普政權的信賴感大幅提升。

川普政權重拾以色列的信賴感，並進一步改善與阿拉伯各國的關係。以色列陸續與阿拉伯聯合大公國、巴林恢復邦交正常化。與巴勒斯坦可說是朝和平共處的走向邁進。

但拜登政權卻切斷這個走向。二〇二一年，支配加薩走廊的哈馬斯與以色列之間再掀戰火，又看到昔日的地區動盪。

而另一方面，也有新的展開。以色列地勢荒涼，缺乏資源，**就地緣政治學來看，是最糟糕的土地，但近年來他們在能源領域上逐漸自立。**從二〇一〇年左右開始，陸續在以色列的地中海發現天然氣田，已開始供應埃及。通往希臘和賽普勒斯的海底管道建設，也已達成協議。

過去以色列都是以戰略來彌補他們在地緣政治學上的不利條件，而如今他們在能源方面正逐漸獲得全新的武器。

第7章

亞洲的地緣政治學

反映大國的情勢

扮演大國緩衝區的朝鮮半島

朝鮮半島淪為戰場的宿命？

我們試著思考朝鮮半島在地緣政治學上的意義吧。

從中國大陸向海洋挺出的朝鮮半島，**成為各國權力相互競爭的緩衝區**。對中國而言，這個緩衝區是用來防止日本或美國等來自海洋的侵略，而對日本而言，這是用來防止中國歷代帝國或南下的俄國（蘇聯）侵略。

不斷有大國入侵，就此化為戰場，一直是這種宿命的朝鮮半島歷史，當真是悲慘至極，日後更是以南北分成兩半的形式呈現。

甲午戰爭、日俄戰爭，是緩衝區之戰

朝鮮與中國的國境相連。所以朝鮮一直都備受歷代中國的威脅。不過，藉由小國特有的巧妙外交手腕，他們從未被中國吞併。

面對中國的攻打，他們有時會激烈抵抗，但明白這樣是無謂之舉後，他們向中國展現忠誠之心，接受當屬國的立場。就這層含意來看，**不管怎麼說，與朝鮮關係最緊密的國家，就屬陸權國家中國了。**

十九世紀後半，中國（清）遭受歐美列強的侵略而變得虛弱後，反倒是海權國家日本開始覬覦朝鮮半島。日本一再威脅朝鮮（江華島事件，1875）。朝鮮的宮廷內就此出現親清派和親日派，兩派的對立發展成中日甲午戰爭（1894），日本戰勝。

清朝勢力衰退，接著換俄國南下進逼。如果俄國控制了朝鮮，接下來便會鎖定日本。站在日本的立場，勢必得阻止俄國入侵。於是日本和英國結盟，與俄國開戰。這便是日俄戰爭。**對日本而言，甲午戰爭、日俄戰爭，是為了在朝鮮半島這個緩衝區擊退反日的陸權國家所展開的戰役。**要是其中一場吃了敗仗，日本的獨立將岌岌可危。

若要說之後日本在地緣政治學上犯了怎樣的戰略錯誤，那就是日韓合併，建立滿洲國，並進一步干涉中國內戰。因為涉足超越海權極限的陸戰，就此陷入戰爭的泥沼。

麥克阿瑟的目標是滿洲？

戰後的韓戰（1950），一開始是「美國支援的南韓 vs. 蘇聯支援的北韓」，但中途中國參戰。以中國的立場來看，在自己國防上重要的緩衝區發生戰爭，當然不能坐視不管。要是南韓獲勝，美國將成為威脅，但要是北韓獲勝，則蘇聯將成為威脅。中國絕不能容許國境對面有個大國坐鎮。**中國之**

持續擔任緩衝區的朝鮮半島

朝鮮半島是時時有大國相互競爭的緩衝區

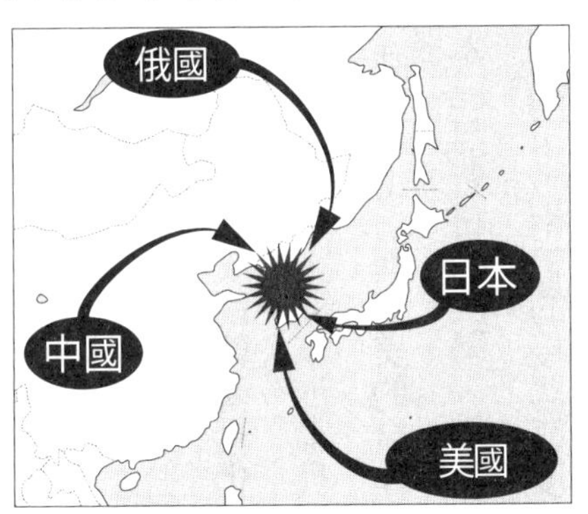

朝鮮戰爭…美國與蘇聯展開的代理戰爭

⬇

為了守護緩衝區的鄰國，中國也參戰

所以參戰，不是因為「共產主義與資本主義的對立」這樣的意識形態，而是基於地緣政治學的判斷。

實質成為「中美戰爭」，展開你來我往攻防戰的這場朝鮮戰爭，最後將國境訂在北緯38度線，就此停戰。

附帶一提，當時指揮聯合國軍（美軍）的麥克阿瑟，據說原本的構想是要從朝鮮半島直取後方的滿洲。但這項戰略被杜魯門總統撤銷，麥克阿瑟也被解除任命。如果美軍鎖定滿洲，那就和日本戰前採取的戰略一樣，可以預見，這對海權國家美國而言會是一場苦戰。

南北的援助國家大變動

韓戰的結果，造成**南韓海權化**。南韓隔著北韓，與中國大陸分隔兩地，成了實質的「島國」。成為海權島國的南韓，加入同樣是海權國家的日美陣營。南韓在防衛上，與日美的合作不可或缺。

但日本已無昔日的威勢，相反的，中國則是在經濟和軍事上逐漸成為大國，在此局勢下，南韓的接觸態度轉變。南韓與日美保持距離，開始與中國縮短距離。**在像以前一樣恢復成「中國屬國」的狀態下，就此發生陸權回歸**。此外，二〇一七年五月成立的文在寅政權，持續加深與北韓的關係。此事我們留待 P225 再來探討。

另一方面，韓戰後的北韓，第一代的最高領導人金日成主張「主體思想」，不受中國、蘇聯的支配，要探尋一條自主的道路。從一九九〇年代起，正式開發核彈，也是其手段之一。

但也因為開發核武的問題，而成為國際上的經濟制裁對象，他們因此向中國求援，最後不斷提高對中國的依賴。

這是中國求之不得的狀態。中國提高對北韓的影響力，想事先加以掌控。因為南韓有大約 3 萬名美軍駐守。**為了不和美軍直接對峙，中國想讓北韓成為對他們有利的緩衝區，發揮其功能。**

中國和北韓的關係，對外展現「友好」，但由於國境相連，所以坦白說，彼此都存有戒心。在這種情勢下，北韓的金正恩政權誕生，而美國則是川普政權誕生，中朝關係以及美朝關係就此產生劇變。我們在下個單元進一步細看吧。

北韓──美國高峰會實現，但朝鮮半島非核化卻愈來愈遠

中朝惡化，美朝拉近

北韓的金正恩政權誕生，接著美國的川普政權也誕生後，中朝關係惡化；相反的，美朝關係卻就此拉近。

在中朝關係上，二〇一三年，北韓的親中派，同時也是實際的第二號人物張成澤遭處刑，而二〇一七年，金正恩的胞兄金正男遭暗殺。研判是北韓的特工人員下手暗殺。與中國關係深厚的兩人被抹除，從中可以看出**中朝關係起了很大的動盪**。

金正恩政權加快核彈的開發速度，一再強硬地進行核試驗，發射飛彈。

在這個時間點上，造就出危機四伏的狀況。川普在朝鮮半島周邊展開行動，大秀軍事肌肉。自二〇一七年九月起，派B－1戰略轟炸機飛越非軍事區的東部海域，並派出隆納・雷根號、尼米茲號、西奧多・羅斯福號這**三艘航母在日本海上巡航**。

此時的川普不光只是在威脅北韓，而是向北韓出示正確的擇項，想迫使其放棄核武。也就是告訴北韓「只要你放棄核武，我就保障你的安全」。看是要「繼續推動核武，走在被全世界孤立的道路」，還是「停止核武，獲得美國的安全保障，謀求現有體制的延續」，金正恩被迫從中做出選擇。

最後金正恩選擇後者。在二〇一八年六月十二日的北韓－美國高峰會中，雙方達成協議，當北韓廢除核彈時，美國就會解除經濟制裁。

但北韓並未推動非核化。

二〇一九年二月，舉行第二次北韓－美國高峰會，北韓似乎要求以封閉寧邊的部分核能設施，來換取解除經濟制裁中的主要部分，但美國拒絕。

朝非核化拉近的美朝關係

因中朝關係動盪，促成 2018 年的北韓－美國高峰會

北韓的非核化沒有進展

美國要求北韓廢除未公開的大規模核能設施（分江地區的地下濃縮鈾設施）。對此，北韓似乎也慌了，最後交涉未果。

單就這場會談來看，**可以看出北韓的盤算，比起解除經濟制裁，他們更希望能死守核能設施。**完全沒以非核化為前提來思考。川普要求完全非核化，不隨便妥協，這點頗獲好評，但北韓依舊保有核武戰力。

自從第二次北韓－美國高峰會後，兩國的關係毫無進展，北韓又開始頻頻進行飛彈發射實驗。現在北韓一方面誇耀他們展開多種飛彈的研發，一方面牽制美國的拜登政權。

親中、反美、反日的南韓

要看今後朝鮮半島的情勢，就必須理解南韓在地緣政治學上的基本態度。南韓是周遭被大國包圍的小國，所以不時會藉由依附強國謀求生存。以前是依附中國，到了近代則是與俄國和日本建立友好關係，戰後的冷戰時期，一直都是獲得美國和日本的援助。

自南韓獨立以來，一直都施行反日教育，但冷戰時期，若無日本的援助難以支撐，所以在政治方面，基本上是以日韓友好來定調。以日本的立場來看，南韓是他們與中國、俄羅斯、北韓這些東方國家**對峙時的緩衝區，所以只要南韓尋求援助，都會給予回應**，有過這麼一段歷史。

直到冷戰結束後，情勢才有了改變。日美已不再有往日的氣勢，相反的，中國成了經濟和軍事上的大國。南韓的最大出口國正是中國。隨著與中國的關係愈來愈重要，南韓國內的親中派也跟著勢力大增。

由北韓主導，促成朝鮮統一？

想縮短與北韓距離的文在寅政權下的南韓

改為親中的南韓，傾向反日、反美。因此，近年來的南韓，基本原則是「親中、反美、反日」。二〇一七年成立的文在寅政權，尤其加速了「反日、反美」的進行。

文在寅政權的另一個特徵是「親北韓」。而且據說不是單純的親北韓，而是以**「北韓主導下的南北統一」**為志向。

朝鮮的人們有一種想法，認為昔日領導人民展開抗日武裝鬥爭的金日成所建立的北韓，才有成為國家的正當性，文在寅就是承繼了這樣的精神。

如果說「由北韓主導南北統一」，或許會讓人感到意外。但這在川普政權時期，並非不可能的事。在二〇一八年美國與北韓達成的協議中，可以看到以下的文句。

「美國與朝鮮民主主義人民共和國共同合作，在朝鮮半島建設一個永遠安定的和平體制」。

朝鮮半島現今存在著南韓與北韓這兩種體制，但未來會建立「一個和平的體制」。對此，美國與北韓會共同合作。

很明顯，意思是美國會對北韓主導推動的南北統一提供支援。**如果南北韓統一是由北韓來主導推動，統一的朝鮮將會是親中、親俄的國家。**站在美國的立場，如果朝鮮半島非核化，作為對中國、對俄羅斯的緩衝區，能發揮它的功能，那就沒什麼問題。這樣能減輕軍事上的負擔，所以他很樂於放棄朝鮮半島。這是川普式的離岸制衡戰略。

現今的拜登政權對朝鮮半島漠不關心。二〇二二年三月，南韓總統大選，不過，比起朝鮮半島情勢，新總統對中國的態度更值得注目。

成為中國海權防波堤的越南

統一的國家一直沒誕生

東南亞過去從來沒統一過，所以一直保有各個國家和地區的文化。

不過，中國、日本、歐美列強等大國，都輪番進出東南亞。

相當於中國邊緣地帶和緣海的東南亞，在地緣政治學上極具吸引力。

那麼，各國又是如何守護自己國土呢？我們分成兩回來看他們採取的戰略吧。

越南的敵人永遠都是中國

首先是越南，越南的敵人往往都是中國。越南與中國的對立，從西元前三世紀的秦始皇攻打越南開始，便斷斷續續地持續著，國境相連的兩國，對立是他們的宿命。不過，中國統治越南，只有漢朝到唐朝這一千年左右，而且只有北越。從那之後，越南便都完全抵擋住中國的侵略。

十九世紀後半，中國積弱不振，改由法國乘虛而入。而在第二次世界大戰中，日本軍又取代法國闖入。對此，在得到蘇聯支援的胡志明領導下，展開對日法兩軍的激烈抵抗運動。

戰後，越軍在中南戰爭中趕走法軍，接著在越戰中趕走美軍。**在越戰中，中國破例支持越南**。與其說這是因為中國和越南同樣是共產主義，還不如用和韓戰一樣的模式來思考（P218）。中國最害怕的，就是海權國家美國的勢力進逼國境邊界。

而越戰後，因為美中關係改善，越南再度與中國對立。當中問題特別嚴重的，**是南海的領土與領海之爭**。中國在中南戰爭和越戰後，各接收了越南外海一半的西沙群島，完全掌控。近年來還配置地對空飛彈，強化實際支配。

對此，越南**與各國聯手對抗中國**。二〇一八年三月，美國海軍的核子動力航母卡爾文森號停靠越南，對外宣揚兩國之間的軍事結盟。美英法則是進行「航行自由行動」（P69）。也與多年來的友好國，同時也是最大武器進口國的俄羅斯，展開軍事共同演習。

越南是抑制中國前進海洋的重要據點，所以各大國都不吝給予支援。

柬埔寨與寮國「反越、親中」

柬埔寨昔日在吳哥王朝（九至十五世紀）時代達到全盛時期，是統治現今泰國到寮國、越南南部的強國。但後來遭受泰王朝侵略，改遷移至現今的湄公河下游流域的領土定居。十七世紀時，越南在此進出，而到了十九世紀後半，則和越南一起受法國統治。

一九七九年，越南前來侵略，共產黨的波布政權垮臺。接著中國馬上前來援助，中國與越南就此開戰（中越戰爭）。一來也是因為柬埔寨沒和中國的國境相連，所以**「借中國之力牽制越南」是柬埔寨的一貫戰略。**

同樣的，**寮國也是反越、親中**。寮國與中國的國境相連，但以山岳地帶分隔兩邊，所以沒有緊張關係。

中國在東南亞國家中，形成「援助柬埔寨和寮國，與越南和菲律賓對立」的局勢。

持續與中國對峙的東南亞

東南亞各國的重要事項

⇒找尋有利的夥伴

胡志明

●越南

・過去和現在敵人都是「中國」

・美英法或俄國的援助對抗中國

●柬埔寨、寮國

・與越南對抗，與中國當夥伴

翁山

●緬甸

・文人領軍的政權成立後，強化與日美的關係

民主化後，仍站在歧路上的緬甸

越南成為法國領地，而相對，Burma（現在的緬甸）則是英國領地。

第二次世界大戰時，日軍指導翁山等領導人，加以統治。但大戰末期，英軍取得優勢後，翁山轉為靠向英國，取得獨立。一九四八年，以緬甸聯邦獨立。不過，就在發表獨立宣言前，翁山遭到暗殺。

擁有許多少數民族的緬甸，內亂不斷，一九六二年在軍事武裝政變下，尼溫將軍建立了軍事獨裁政權。尼溫主張「緬甸式社會主義」，採取非同盟中立路線。

到了冷戰末期，對社會主義的批判聲浪高漲，發起由翁山的女兒翁山蘇姬主導的民主化運動。但軍事政權將翁山蘇姬軟禁在家中，解散國會。這時，軍事政權將國名改回原本的「Burma」。

在國際上處於孤立地位的緬甸，中國主動接近它。為他們提供鐵路、管線、水壩等建設，進出緬甸。這也是對抗印度的戰略（P243）。

緬甸由軍政交由民政移管，二〇一六年建立翁山蘇姬政權。**將中國的水壩等建設計畫化為一張白紙，改為強化與日美的關係。**但是對解決迫害伊斯蘭教徒、羅興亞人的問題，表現得很消極，備受批判。

二〇二一年二月，國軍引發武裝政變，將翁山蘇姬拘留，掌握國家權力。民主化的風潮盛行，對於國軍擁有強大權限的現行憲法之修憲爭論持續推動，民眾似乎充滿戒心。

在對美、對中關係上搖擺不定的菲律賓

▼因為緩衝區而受到保護的泰國

接著來看泰國吧。泰國是東南亞唯一沒淪為殖民地的國家。因為位於法國領地（越南等）與英國領地（緬甸）中間，**成了兩者的緩衝區，就此得以保持中立**。

戰後的泰國，軍事武裝政變頻傳。因為每當政治權力腐敗嚴重，軍方就會發動武裝政變，建立軍事政權，然後再次回歸文官政治。因此在泰國，是文官政治↓軍人政治↓文官政治的一種反覆循環。

在二〇〇六年的軍事武裝政變下，塔克辛政權垮臺，分裂成塔克辛派

（農村的貧困階級、新興勢力）和反塔克辛派（都市的富裕階級、既得利益者、軍方）。二〇一四年又再度發生軍事武裝政變，轉為軍事政權。

二〇一六年，蒲美蓬國王駕崩。國王雖沒有政治權力，但戰後君臨70年的蒲美蓬國王擁有絕對的權威，因此能保有國內的安定。國王死後，政局混亂的程度日益嚴重。二〇一九年三月舉行的大選，由親軍政勢力、塔克辛前總理派、與這兩派保持距離的第三勢力，形成三國鼎立的局面。結果由塔克辛派成為第一大黨，但反軍政政黨的總席次未過半，仍由親軍政的帕拉育總理連任。

而泰國的領土中，在地緣政治學上值得注意的是**「克拉地峽」**。這是馬來半島中央最狹窄的部分（44公里）。**如果能在這裡建造「克拉運河」，比起行經麻六甲海峽，可大幅縮短航線。**

麻六甲海峽是位於印尼與新加坡之間的海峽。自古便是連接印度與中國的海上運輸線要衝，也是世界上重要的咽喉點之一。現在由美國控制，日本的海上運輸線也受到保護。

中國也會利用麻六甲海峽，不過，對想爭奪海洋霸權的中國而言，倚賴麻六甲海峽是很大的風險（麻六甲困境）。因此，**作為解決麻六甲困境的手段之一，中國對克拉運河的建設投以高度關注。**

➤ 印尼的伊斯蘭教徒全世界最多

印尼從十七世紀開始成為荷蘭的殖民地，在第二次世界大戰期間受日軍支配。日本敗戰後，印尼趕走想重新統治的荷蘭，成功獨立，蘇卡諾出任第一任總統。

蘇卡諾以共產黨的勢力為基礎，採取反歐美、亞洲團結的立場，與中國的毛澤東以及印度的尼赫魯接觸。但在一九六五年的政變中，蘇卡諾失去政權，由蘇哈托取而代之，建立軍事獨裁政權。蘇哈托掃蕩共產黨勢力，改採親美路線。

現在的印尼面臨的問題之一，是伊斯蘭激進派的活動。印尼擁有全球最多的伊斯蘭教徒，陷入激進派思想中的年輕人愈來愈多。他們誓言向ＩＳ效忠，遠渡敘利亞和伊拉克，回國後發動恐攻，就此形成惡性循環。

轉為反美的菲律賓

菲律賓雖然曾是西班牙的殖民地，但後來被美國奪下，第二次世界大戰時遭日軍占領。戰後脫離美國獨立，但允許美軍駐守。

從一九六五年開始展開獨裁政治的馬可仕政權，因為暗殺政敵小班尼格諾．艾奎諾事件，而引來民眾怒火，一九八六年垮臺（人民力量革命）。成為總統的艾奎諾夫人乘著運動這股氣勢，逼美國撤軍。但此事引來中國前進海洋，允許中國在南沙群島（斯普拉特列群島）的實際支配。所以總統班尼格諾．艾奎諾三世才想再次把美軍請回來。

各方勢力威脅近逼的東南亞

●泰國

・國王駕崩後，混亂日漸加深的情勢

・中國鎖定「克拉海峽」

蒲美蓬國王

●菲律賓

・雖然中國實際支配南沙群島，
但因為是反美政權，
而向中國靠攏

杜特蒂總統

●馬來西亞

・政權輪替後，與中國保持距離

馬哈迪首相

然而，二〇一六年出任總統的杜特蒂完全反美，美軍基地重現一事就此擱置。杜特蒂向中國靠攏。**對已經被實際支配的南沙群島問題置之不理，採取與中國共存的戰略**。二〇一八年，杜特蒂與習近平展開會談，針對南海石油、天然氣的共同開發，以及國內基礎設施的整建展開合作一事，達成協議。

杜特蒂表示於二〇二二年六月任期屆滿後，將退出政壇。下任總統以馬可仕前總統的長子小馬可仕（通稱邦邦馬可仕）呼聲最高。杜特蒂「向中靠攏」的路線是否會延續，備受矚目。

因政權輪替而轉為反中的馬來西亞

馬來西亞產生巨大的變化。

馬來西亞從一九五七年獨立開始，便一直是以13個政黨組成聯盟的國民陣線來進行統治。但二〇一八年，新的政黨聯盟——希望聯盟在下議院選舉中獲勝，奪下政權。對馬來西亞而言，這是第一次政權輪替。在經濟成長停滯的情勢下，國民尋求政治革新。而出任首相的，是過去引領馬來西亞走向高度成長，有實際政績，高齡92歲的馬哈迪。

馬哈迪**中止之前的政權與中國展開的巨額基礎設施投資計畫，避免落入「債務陷阱」**。隨後接任的慕尤丁首相，因為對抗新冠疫情的政策失敗，被迫下臺，現今由伊斯邁沙比里擔任首相。

被中國、巴基斯坦包圍的印度地緣政治學

與分治獨立的巴基斯坦對立

我們來看看印度的地緣政治學吧。

印度原本分成無數個小國。是從一八五八年的「英國領印度帝國」開始，才整合為現今的「印度」這個統一的國家。自一八七七年起，以英國國王兼任印度國王的方式，直接統治印度。

這時歐亞大陸正展開英國與蘇聯的大博弈。面對從心臟地帶南下的蘇聯，英國取採迎擊的態勢。據點設在印度的英國，以阿富汗當保護國，支援與中國起衝突的西藏，幫助他們獨立。**以阿富汗和西藏當作阻擋蘇聯南**

下的防波堤。

另一方面，印度國內對殖民地支配的不滿聲浪日漸高漲。對此，英國藉由煽動印度教徒與伊斯蘭教徒的對立，想以此化解群眾對英國的不滿。這即是所謂的「分而治之」。

不過，甘地高喊宗教融合的獨立運動愈來愈熾盛，窮於應付的英國決定同意讓印度能採取「邦」這種層級的自治。

接著在戰後的一九四七年，**印度獨立**。此時，原本就以伊斯蘭教徒居多的西北部旁遮普邦、東部的西孟加拉邦，與印度切割，獨立成巴基斯坦。而東巴基斯坦則是於一九七一年獨立為孟加拉人民共和國。

這種根據宗教而展開的分治獨立，埋下日後紛爭的火種。也就是**克什米爾衝突**。

印度最北部的克什米爾邦，以伊斯蘭教徒居多，居民希望能歸屬巴基斯坦，但最後還是成了印度領地。以此為開端，印度和巴基斯坦雙方軍隊皆主張擁有主權而介入，反覆展開印巴戰爭。

非對抗印度不可的巴基斯坦，與美國結盟。而另一方面，因為英國撤軍，而變成空白地帶的西藏，也開始遭受中國的攻打。中國更進一步攻打印度東北的邊境地區和克什米爾邦。

中國不承認一九一四年所制定的印度與西藏的國境線「麥克馬洪線」，與印度處於對立關係。中國和巴基斯坦在和印度的敵對關係上利害一致，所以雙方聯手。

被美國提供援助的巴基斯坦和中國包圍的印度，轉為向蘇聯求助，締結軍事同盟，並對抗中國，裝備核武。因為這樣，中國與印度的對立表面上趨於和緩，但接下來**巴基斯坦為了對抗印度，也擁有了核武**。引發了核武開發的連鎖效應。

美國原本對強行展開核試驗的印度進行經濟制裁，但在九一一後解除。以「反恐戰爭」優先，二〇〇七年與印度締結核子協議，承認印度保有核武。

而在克什米爾，現在仍以巴基斯坦當據點的伊斯蘭激進派，頻頻製造恐攻事件，印度強力譴責巴基斯坦。

「珍珠」對「鑽石」的攻防

印度與中國是潛在的競爭關係。他們同是歐亞大陸的大國，國境相連，人口數也相當。在急速成長的經濟上也互別苗頭。

中國推動的對印戰略為**「珍珠鏈」**。中國對國外的原油依賴程度超過五成，大部分都是從中東、非洲方面進口。其海上運輸線是從印度洋經麻六甲海峽（P235），但麻六甲海峽由美國控制，所以一旦這裡受阻，將會對中國造成重創。這就是**「麻六甲困境」**。

中國想沿著海上運輸線，多打造幾處據點，以作為麻六甲困境的因應之策。中國在巴基斯坦、斯里蘭卡、孟加拉、緬甸等國家展開巨額投資，建造港灣設施。從這些據點拉出管線，將石油送往中國內陸。舉例來說，如果是行經巴基斯坦，則中國與中東、非洲的距離會一口氣縮短許多。這麼一來，就不需要既有的海上運輸線，麻六甲困境的問題也得以解決。

印度與中國的海上運輸線之爭

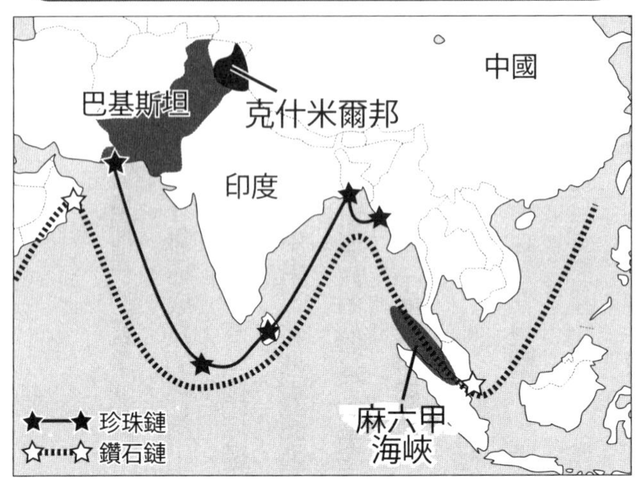

印度與美日合作，展開「鑽石鏈」，
作為因應中國「珍珠鏈」的對策

這項戰略就像是朝印度戴上項鍊一樣，加以包圍，所以人稱「珍珠鏈」。

這項戰略同時握有制海權，所以有助於印度展開海上封鎖。雖然不知道港灣設施是否會成為軍事據點，但已確認中國的潛艦駛入斯里蘭卡的船塢，透露出不平靜的動向。中國的核子動力潛艦會在印度洋巡邏，或是與巴基斯坦展開聯合軍演。

不過，印度可也沒坐視不管。印度想展開**「鑽石鏈」戰略**。這是與非洲東部國家、東南亞各國、美國、日本建立合作關係，從外側包圍「珍珠鏈」。

印度除了參加「四方安全對話」（日美澳印戰略對話）外，也與俄羅斯在軍事、能源方面合作，展開不會依賴特定國家或勢力的「平衡外交」。

海權島國日本的威脅，始終都在大陸

效法英國的戰略

最後，我們來看看日本的地緣政治學吧。

日本是海權島國。說到和日本一樣是島國，一樣以巧妙的海權戰略握有霸權的國家，就屬英國了。日本從英國的戰略中學到不少。

英國的基本戰略是「權力平衡（均勢）」。在歐洲大陸內，讓各國的力量相互抗衡，只有在出現強國時才出手打壓，這就是英國採取的戰略（P154）。不會向歐洲大陸尋求霸權。

持續與大陸保持距離的日本

海權國家日本的基本方針
⇒「不介入大陸」

例外：
秀吉出兵朝鮮

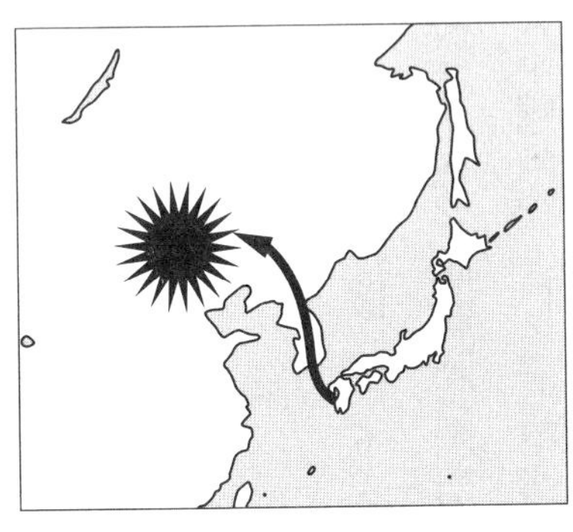

第二次世界大戰下的日本

侵略大陸內部

被引入不利的陸權戰場，
走向敗戰之路

其實日本對大陸也一直是採取類似的戰略。日本的威脅始終都來自中國大陸，不過**日本與中國若即若離，保持距離**，不向大陸尋求霸權。唯一的例外是豐臣秀吉，他出兵攻打朝鮮半島這個緩衝區，但最後失敗收場。德川幕府以這次的失敗為教訓，展開「鎖國」，與中國大陸斷絕關係。

被清滅國，為了復明而起義的鄭成功，向日本尋求協助時，日本一口回絕。因為日本要避免捲入大陸的鬥爭漩渦中。

後來日本開國，走入近代，加入同屬海權國家的英國和美國陣營。並在中日甲午戰爭、日俄戰爭中，打敗陸權國家的中國和俄羅斯，並支配朝鮮半島。

日本就是從這時候開始打破原本不介入大陸的原則。日本建立滿洲國，採取干涉大陸的政策，為了防範陸權國家俄國帶來的威脅，同時也強化陸軍。就此逐步踏入中國內陸。日本追擊蔣介石，就此被引入大陸內部。這是美國和英國的戰略，**讓日本徹底拉長後勤補給線，想將日軍逼入絕境。**儘管如此，日本還是很善戰，在大陸幾乎沒吃敗仗，但不管打贏再多場戰役，還是看不見終點，就此陷入苦戰。

海權國家一旦被引入大陸國家的聖域（心臟地帶），便難以獲勝。昔日拿破崙也是被引入俄國內部才會落敗。日本要是能效法英國的「權力平衡」就好了。只要在外部煽動中國內部的國民黨與共產黨互鬥，等候他們兩敗俱傷，便可輕鬆得利。

日本在第二次世界大戰中最大的敗筆，就是與海權大國美國和英國為敵。日本不光中國大陸，就連太平洋戰線也過度擴張，後勤補給拉得太長，種下敗因。

有必要與美國以外的國家合作

戰後的日本以和美國的同盟關係為主軸。美國是「巨大的島國」（P52），和日本一樣是海權國家。日本透過與世界第一的海權國家聯手，保障自己的安全。

冷戰後握有霸權的美國，因為與恐怖組織開戰，再加上次級房貸危機，造成國力耗損，就此停止擔任「世界警察」，保留力量。而看準這個機會，以海權國家的身分搶著出頭的，正是中國。

「如何封鎖中國」，現在成了全世界的課題。

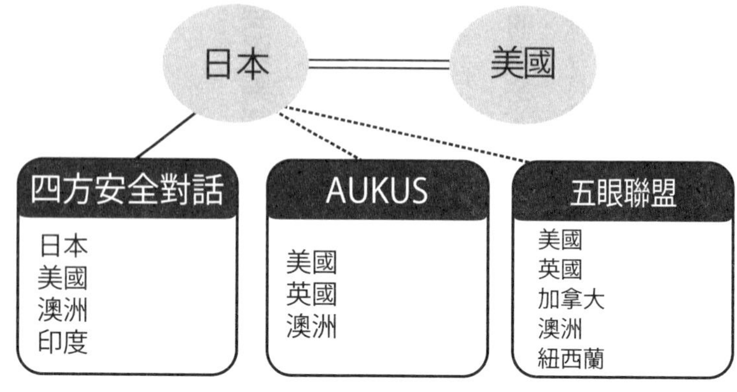

在對付中國的戰略方面，有一個是**日本主導的「四方安全對話」（日美澳印戰略對話）**。這是以地緣政治學的觀點，採取以海權勢力將中國包圍的方式，企圖強化南海和印度洋的安全保障。

此外，**由美英澳三國組成的全新安保框架「AUKUS」**也就此形成。比四方安全對話更主打軍事及安保，同樣是假想中國會前進海洋。日本想以加入AUKUS的形式參與其中。

日本也想加盟**「五眼聯盟」**。五眼聯盟是在全球機密情報共享的框架下，由美國、英國、加拿大、澳洲、紐西蘭攜手合作。日本如果想要加盟，像制定間諜防止法這類的法規建置，將會是重要的課題。

而**在迎擊中國的海權時，將會由沖繩、臺灣、越南形成防衛線。**而中國現在正著手要突破的，便是臺灣。各國必須得攜手合作，極力守住臺灣。

二〇二一年四月，在菅義偉首相與拜登總統展開的美日高峰會中，確認了「臺灣海峽與和平安全的重要性」。在高峰會的共同聲明中明確提到「臺灣」，是從一九六九年以來，一九七二年中日兩國恢復邦交後的第一次。意義非凡。

在守護臺灣方面，沖繩的地位特別重要。沖繩是美軍在東海的最前線基地。

雖然在沖繩當地，對美軍基地的反對聲浪高漲，不過**一旦美軍撤出，形成空白地帶，中國恐怕就會進軍此地。**目前釣魚臺列嶼已確定是美日安保條約的適用對象，但要是美軍撤出沖繩，釣魚島列嶼應該會馬上被奪走。應該要知道菲律賓的前車之鑑（P237）。

而另一方面，在今後這動盪又複雜的多極化時代，日本必須摸索出自己一套生存之道。**認為有美國在以前強盛時代訂立的美日安保條約就可以高枕無憂，這種想法太過危險。**

因此，重點要擺在以獨立國家的身分，提高自主防衛能力。目前爭論的議題，是**攻擊敵方基地的能力**。中國和北韓正加速研發難以反擊的飛彈。想加以因應，只能在飛彈發射前先加以擊潰，這就是攻擊敵方基地的能力。因為是在敵人著手攻擊後才展開反擊，所以不算是先發制人的攻擊，可做這樣的解釋。

此外，能源戰略也變得重要。當初日本釀成太平洋戰爭的直接原因，就是能源問題。由於原本倚賴美國的石油進口管道被截斷，被迫只有開戰這個選項。

目前備受矚目的是號稱「可燃冰」的**甲烷水合物**。其實日本包括領海和專屬經濟海域（EEZ）在內，占有的海域居全球第六大。從EEZ中發現有甲烷水合物的存在。

對能源的調度來源採多角化處理，同時也要持續開發這類的海底資源，提高能源的自給率，這也相當重要。

結語

《一本書讀懂地緣政治學》於二〇一七年發行，兩年後又推出「二〇一九—二〇年度版」，當作是修訂版。本書是加以修訂、重新編輯後的文庫版。反映疫情出現後的世界最新情勢。

前不久，原本是擔任全球主角的美國總統川普退場，改由拜登總統登場。但他回歸歐巴馬式的國際協調路線，結果助長了全球的敵對勢力。而歐亞大陸上的俄羅斯與中國，在東西兩邊同時頻頻展開擴張的行動，美國被迫展開兩線作戰的風險攀升。

川普基於離岸制衡的觀點，與俄羅斯聯手，想打造出在大陸上國境相連的俄羅斯與中國相互敵對的局勢。但現在則是完全朝反方向進行。俄羅斯與中國緊密結合，要是同時與這兩國為敵，那未免也太不智了。

俄羅斯以豐富的天然氣當武器，實質地將歐洲各國拉入同一陣營，在舊